Autor
MICHAEL BÜKER

Illustrationen
TANJA WEHR

WAS DEN MOND AM HIMMEL HÄLT

DER ETWAS ANDERE STREIFZUG ZU UNSEREM KOSMISCHEN BEGLEITER

KOSMOS

Impressum

UMSCHLAGGESTALTUNG von Büro Jorge Schmidt
unter Verwendung von ILLUSTRATIONEN
von Tanja Wehr, www.sketchnotelovers.de

Mit 116 Schwarzweißzeichnungen und 5 doppelseitigen
Farbzeichnungen von Tanja Wehr.

Unser gesamtes Programm finden Sie unter **kosmos.de**.
Über Neuigkeiten informieren Sie regelmäßig unsere
Newsletter, einfach anmelden unter **kosmos.de/newsletter**

Gedruckt auf chlorfrei gebleichte Papier

© 20 , Franckh-Kosmos Verlags-GmbH & Co. KG, Stuttgart.
All echte vorbehalten.
 N: 978-3-440-16026-8
 EDAKTION: Susanne Richter
GESTALTUNG UND SATZ: Typoint, Berlin
  (Bettina Andresen & Patrick Marc Sommer)
PRODUKTION: Ralf Paucke
DRUCK UND BINDUNG: Print Consult GmbH, München
  Printed in Slovakia / Imprimé en Slovaquie

Inhalt

1 – Der Mond am Himmel   **08**

2 – Der Mond im All   **26**

3 – Der Mond als Ding   **50**

4 – Der Mond als Ziel   **86**

5 – Der Mond der Zukunft   **108**

6 – Anhang   **122**

Vorwort

Vor ein paar Jahren hörte ich einmal auf einer Zugfahrt, wie ein kleiner Junge seinen Vater über den Mond ausfragte, den er durch das Zugfenster am Himmel sah. Ich hörte gespannt zu, denn ich hatte kurz zuvor mein erstes Buch über das Weltall veröffentlicht und mich dabei auch mit dem Mond beschäftigt.

„Papa, wie weit ist der Mond weg?", fragte der Kleine. „Bestimmt eine Million Kilometer", kam die erstaunlich gut geschätzte Antwort. „Und wo fängt der Weltraum an, Papa?" – „Also, wenn man so weit weg ist wie der Mond, dann ist man auf jeden Fall im Weltraum." Ich schmunzelte in mich hinein: knifflige Frage geschickt umschifft! „Und wie lange fliegt man zum Mond?" – „Puh, also das weiß ich nicht …"

Es gibt nicht viele Lebenslagen, in denen man denkt: „Hier kann ich helfen, denn ich habe Astrophysik studiert!" Also fasste ich mir ein Herz, drehte mich um und sprach Vater und Sohn an: „Als Leute zuletzt mit einer Rakete zum Mond geflogen sind, haben sie dafür drei Tage gebraucht." Der Junge staunte, dass ich als Fremder seine Frage beantwortet hatte, und der Vater lächelte amüsiert. Also habe ich noch etwas Spannendes dazu erzählt: „Und stell Dir vor, so lange mussten sie zu dritt in einem ganz kleinen Raumschiff sitzen, da drin war es fast so eng wie in einem Auto."

Zum Abschied habe ich den beiden noch kurz mein Buch gezeigt – es sollte schließlich nicht so aussehen, als würde ich wahllos und ohne Grund mit Weltraum-Wissen um mich werfen!

Egal, ob man mit neugierigen Kindern unterwegs ist, bei einer Party auf dem Balkon steht oder nachts am Lagerfeuer sitzt: Der Mond taucht immer wieder in unserem Leben auf und mit ihm auch gute Fragen. Dieses Buch, liebe Leserin, lieber Leser, kann nicht nur Ihre eigene Neugier stillen, sondern Ihnen auch ebenso gute Antworten für genau diese Lebenslagen mitgeben.

Daher wünsche ich viel Spaß bei einem etwas anderen Streifzug zu unserem kosmischen Begleiter!

Ihr Michael Büker,
Oktober 2018

Der Mond am Himmel

1 – Der Mond am Himmel

„Guck' mal, der Mond!" – so oder so ähnlich entfährt es bestimmt jedem von uns ab und zu, wenn der Mond gerade überraschend aufgetaucht ist. Nicht immer ist dann aber auch die richtige Zeit für astronomische Fakten, denn die können die romantische Stimmung ganz schnell zerstören. Das zeigen die Wise Guys sehr schön in ihrem Song „Romanze". Dieser Song war gerade erschienen, als ich mit dem Physikstudium anfing und dient mir – ganz unromantisch – noch heute als Eselsbrücke für den Winkeldurchmesser des Mondes am Himmel:

> *Da flüsterte sie: „Schau! Der Mond ist heute riesengroß! [...]*
> *Er sagte: „Du, der Durchmesser des Monds am Firmament*
> *ist konstant 31 Bogenminuten, also ungefähr ein halbes Grad,*
> *das ist ganz evident. Es wär' falsch, verschied'ne*
> *Größen zu vermuten."*

Dabei ist Hintergrundwissen über den Mond durchaus sehr nützlich: Manche Aktivitäten, wie z. B. Himmelsbeobachtungen oder Nachtwanderungen, hängen stark von der Helligkeit des Mondes ab. Doch auch der Mond an sich ist spannend, sei es als Anschauungsobjekt oder um ihn für eine gewünschte Stimmung einzuspannen. Schauen wir uns deshalb in diesem Kapitel gemeinsam an, was der Mond am Himmel so veranstaltet und welchen Regeln er dabei folgt.

> **EIN HINWEIS FÜR LESERINNEN UND LESER, DIE SICH IN DER NÄHE DES ÄQUATORS ODER AUF DER SÜDHALBKUGEL AUFHALTEN:**
> Manches in diesem Buch könnte Ihnen verdreht vorkommen, etwa die Beschreibungen des Mondes oder seiner Bewegungen. Gelegentlich gehen wir auf die Unterschiede zwischen Nord- und Südhalbkugel ein, doch meistens beschreibt dieses Buch die Perspektive aus Europa.

Die Kultserie

Wenn ich heute Gespräche darüber führe, was in der Freizeit so Spaß macht, dann geht es oft um neue Serien, die man im Fernsehen oder Internet schaut. Was läge da näher, als auch den Mond am Himmel mit den Begriffen einer Serie zu beschreiben? Es folgt der Episoden-Guide für die seit Jahrtausenden erfolgreiche Himmelsserie „Luna"; monatlich eine neue Staffel mit 28 täglichen Folgen. Während ich diesen Text schreibe, läuft gerade die 388. Staffel seit meiner Geburt. Zugegeben: Der Inhalt wiederholt sich nach einer Weile ziemlich stark, aber ich schaue nach wie vor gerne zu.

Jede Staffel – die Astronomen nennen sie übrigens Lunation – beginnt mit dem Neumond. Die ersten Folgen sind ausgesprochen langweilig, denn der Protagonist fehlt: Zu Neumond und in den ersten Tagen danach ist der Mond am Himmel nicht oder nur mit Mühe zu sehen. Nach ein paar Tagen wird er dann in die Story eingeführt: Der Mond erscheint als dünne Sichel am Abendhimmel, nahe der gerade untergegangenen Sonne. Da er tief am Horizont steht, wirkt er meist besonders groß. Oft ist zusätzlich zur leuchtenden Sichel auch die dunkle Mondscheibe selbst zu erkennen. Diesen Anblick finde ich besonders toll, doch er taucht nur kurz, zum Ende der Folge, auf; kurz nach Sonnenuntergang geht auch dieser besondere Mond wieder unter.

In den kommenden Tagen etabliert sich der Mond langsam: Seine Sichel wird breiter und er ist jeden Abend etwas länger zu sehen – jeden Tag um 50 Minuten, sodass er nicht länger in unmittelbarer Nähe der untergehenden Sonne steht. Den Handlungsstrang der nächsten Folgen kann man so zusammenfassen: Der Mond nimmt immer mehr zu, geht zunehmend auf Abstand zur Sonne und baut sich tagsüber eine eigene Existenz auf. Er „verfolgt" dabei die Sonne auf ihrem Lauf von Ost nach West am Taghimmel im Abstand von wenigen Handbreit. Ist sie untergegangen, steht der Mond noch ein paar Stunden im Südwesten – hier zeigt sich schon, was er als nächstes vorhat: die Nacht erobern! Seine Sichel wird nun bald so breit sein, dass er zur Hälfte beleuchtet ist. In jener Folge, etwa eine Woche nach Staffelbeginn, heißt er Halbmond. Als Halbmond

1 – Der Mond am Himmel

nimmt unser Protagonist zunehmend den Nachthimmel in Beschlag. Er geht nach wie vor tagsüber – gegen Mittag – auf und steht zum Sonnenuntergang hoch am Himmel. Nach Einbruch der Nacht zieht er über den dunklen Himmel und geht erst gegen Mitternacht unter.

Jeder kennt diese Leute, die zu allen Serien und Filmen sagen: „Das muss man in der Originalsprache gucken, die deutsche Übersetzung taugt nichts!" Nun, davor ist auch die Kultserie „Luna" nicht sicher. Denn in den nun kommenden Folgen wird aus dem Halbmond ein gewölbter, eierförmiger Mond, für den es im Deutschen keinen passenden Begriff gibt. Im Englischen heißt er zu dieser Zeit „gibbous moon", was wörtlich übersetzt etwa „buckliger Mond" heißt.

Und schließlich – es ist ungefähr die 14. Folge der Staffel – hat sich der Mond zum mächtigen Vollmond gewandelt. Er will mit der Sonne nichts mehr zu tun haben, geht auf, wenn die Sonne untergeht, steht die ganze Nacht am Himmel und geht mit dem Sonnenaufgang wieder unter. Der Vollmond hat die Nacht so sehr im Griff, dass er alle möglichen menschlichen Aktivitäten beeinflusst. Bevor es künstliches Licht gab sind die Menschen oft nur tagsüber gereist – Vollmondnächte hingegen galten als sicher genug, um auch nachts zu reisen. Heute lassen viele Astronomen in Vollmondnächten das Teleskop eingepackt: Der helle Schein macht ihre empfindlichen Beobachtungen unmöglich. Nach dem Vollmond beginnt ein neuer Handlungsstrang mit einer überraschenden Wendung: Der Mond durchläuft seine bisherige Entwicklung rückwärts! Er nimmt wieder ab, kehrt zurück an den Taghimmel und sucht erneut die Nähe der Sonne. Die täglichen 50 Minuten Verspätung behält er jedoch bei und sie sorgen dafür, dass er auch in den frühen Morgenstunden noch im Osten zu sehen ist. Seinen Aufgang verlegt der Mond dafür immer später in die Nacht hinein. Der weiter abnehmende Mond wandelt sich vom Vollmond zum gibbous moon und wieder zum Halbmond. Etwa eine Woche nach Vollmond geht der Halbmond gegen Mitternacht auf und am Tag zur Mittagszeit wieder unter. Nun offenbart sich auch sein Sinneswandel: Der abnehmende Mond läuft der Sonne am Taghimmel voraus und lässt sich von ihr einholen. Dabei wird er vom Halbmond zur Sichel, die zum dramatischen Staffelfinale nur noch kurz, am frühen Morgen vor Sonnenaufgang, zu sehen ist. Jetzt kann der Mond wieder glänzen wie in den ersten Folgen: als große, schmale Sichel mit einer schwach beleuchteten, dunklen Scheibe. Wenige Tage später ist er als Neumond wieder vom Himmel verschwunden und die aktuelle Staffel von „Luna" ist beendet.

Wer jetzt schon „Spoiler-Alarm!" rufen will, den kann ich beruhigen: Es gleicht buchstäblich keine Staffel der anderen. Je nach Jahreszeit und abhängig von zahlreichen anderen Faktoren, sieht der Mond am Himmel stets etwas anders aus – ganz zu schweigen von den seltenen aber atemberaubenden Sonderfolgen mit Mond- und Sonnenfinsternissen!

Mondphase? Ansichtssache!

Vor einigen Jahren hatte ich das Glück, einen Schüleraustausch in Mexiko zu absolvieren. Zu den vielen Unterschieden des Alltags gehörte auch, dass der Mond manchmal ganz anders aussah, als ich es von zu Hause kannte: Er schien quer zu liegen, sein „Bauch" zeigte nicht wie gewohnt zur Seite, sondern nach oben oder unten. Als ich eines solchen Tages nachdenklich den Mond betrachtete, machte es plötzlich klick und auf einmal war mir – pardon – sonnenklar, dass der Mond scheinbar auf der Seite lag, weil ich mich näher am Äquator befand als sonst. Um auch Ihnen ein Aha-Erlebnis zu bescheren – oder zumindest die Grundlagen dafür zu legen –, werden wir im Folgenden die verschiedenen Gestalten des Mondes erkunden. Mich fasziniert daran vor allem, wie anschaulich der Einblick ins All ist, den uns der Mond gewährt. Er ist gerade nah und groß genug, um ihn mit bloßen Augen zu studieren, und „langsam" genug, um seine Bahn zu verfolgen – unser Mond ist das perfekte Mittelding, um die Bewegungen im Sonnensystem mit den Augen zu „erfühlen".

Beginnen wir mit einer genaueren Betrachtung unserer guten alten Erde. Wenn für uns zu Hause die Nacht beginnt, geht die Sonne unter. Uns ist natürlich trotzdem klar, dass die Sonne nicht verschwunden ist; sie scheint nur gerade auf einen anderen Teil der Erde.

1 – Der Mond am Himmel

> PRAXIS-TIPP: Wenn Sie einen Globus zur Hand haben, spielen Sie doch ein bisschen damit herum. Platzieren Sie ihn auf Augenhöhe und stellen Sie sich vor, Ihr Gesicht wäre die Sonne: Alle Länder und Kontinente in Ihrem Blickfeld liegen im Tageslicht – was Sie nicht sehen, hat gerade Nacht. Um den Verlauf von Tag und Nacht zu verfolgen, drehen Sie den Globus von links nach rechts, also gegen den Uhrzeigersinn mit Blick auf den Nordpol. Meine Faustregel lautet: Die Sonne scheint zuerst in Russland, dann zu Hause und dann in Nordamerika.

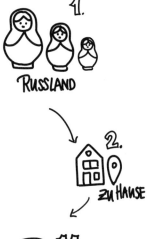

Wie hilft uns diese kleine Erdkunde nun mit dem Mond? Ganz einfach: Genau wie die Erdoberfläche liegt auch der Mond *immer* zur Hälfte im Sonnenlicht und zur Hälfte im Schatten, egal, ob wir auf der Erde einen Vollmond oder eine schmale Sichel sehen. Unsere Mondphasen kommen dadurch zustande, dass er uns mal mehr und mal weniger von seiner Tagseite zuwendet. Um uns das besser vorzustellen, versetzen wir uns im Geiste auf eine sommerliche Wiese. In der Ferne sehen wir einen blauen Heißluftballon, der gemächlich den Himmel entlangtreibt. Mit der Zeit wächst ein gelber Streifen an einer Seite des Ballons. Wenn er genau neben uns steht, sieht der Ballon zur Hälfte blau und zur Hälfte gelb aus. Dann zieht er weiter und der blaue Teil wird immer schmaler, bis wir den Ballon schließlich ganz in Gelb sehen. Klare Sache: Der Heißluftballon war von Anfang an zur Hälfte blau und zur Hälfte gelb. Nur durch die Änderung seiner Position zu uns haben wir unterschiedliche Teile dieser beiden Seiten gesehen. Genauso ist es mit dem Mond: Eine Hälfte ist von der Sonne erleuchtet, die andere ist dunkel. Wie wir den Mond sehen, hängt davon ab, aus welcher Richtung wir auf seine beleuchtete Seite blicken. Zeigt sie von uns weg, ist Neumond. Ein seitlicher Blick offenbart uns Sichel, Halbmond oder gibbous moon und die direkte Sicht auf seine beleuchtete Seite ist ein Vollmond.

Nun müssen wir noch verstehen, wie sich der Mond im Weltall bewegt. Anders als unser Heißluftballon treibt er nämlich nicht einfach in einer Richtung an uns vorbei. Stattdessen umkreist er die Erde in großer

Mondphase? Ansichtssache!

Entfernung und braucht für eine Umrundung etwa einen Monat. Somit wird nun auch die Story unserer Kultserie klar: Sie beginnt mit dem Neumond – zu dieser Zeit steht der Mond zwischen Sonne und Erde. Somit zeigt die beleuchtete Seite des Mondes von uns weg, sodass wir wirklich keine Chance hätten, ihn am Himmel auszumachen. Erst wenn der Mond ein Stück weiter um die Erde gelaufen ist, steht er am Himmel nicht mehr direkt bei der Sonne. Dann zeigt auch seine beleuchtete Seite nicht mehr genau von uns weg: Wir sehen einen kleinen Streifen davon als Mondsichel, kurz nach Sonnenuntergang. Es ist übrigens keine Illusion, wenn wir zu dieser Zeit neben der Sichel auch die unbeleuchtete Seite des Mondes sehen. Sie wird vom sogenannten Erdschein erleuchtet: Tageslicht, das von der Erde zurück ins All geworfen wird und dann den Mond trifft. Der Erdschein tritt jedoch nur dann auf, wenn der Mond um den Neumond herum ohne die Sonne am Himmel steht und von seiner beleuchteten Seite nur eine schmale Sichel in unsere Richtung zeigt. Zum Vollmond schließlich stehen sich Mond und Sonne von der Erde aus gesehen gegenüber. Die Erde liegt dann zwischen Mond und Sonne, weshalb die beiden auch nicht gleichzeitig zu sehen sind. Das ist wie im Kino: Die Sonne als Projektor, der Mond als Leinwand und dazwischen dreht sich die Erde, auf der wir stehen und staunen.

Zwischen Neumond und Vollmond liegen die zunehmenden und abnehmenden Phasen. In dieser Zeit zeigt der „Bauch" der Sichel oder des gibbous moon stets in Richtung der Sonne. Daraus ergibt sich die folgende Faustregel, die mich seit der Grundschule begleitet: Ein nach links gerichteter Bauch entspricht der Rundung des kleinen Schreibschrift-a für „abnehmend". Zeigt der Bauch nach rechts, entspricht er der Rundung des Sütterlin-z für „zunehmend". Zur Erklärung: Bei uns auf der Nordhalbkugel spielt sich fast alles Interessante am Süd-Himmel ab, sodass wir uns auf Süden als Blickrichtung einigen können. Dann läuft die Sonne stets von links (Osten) nach rechts (Westen). Da der Mond nach Neumond täglich 50 Minuten später aufgeht, fällt er hinter der Sonne zurück und steht in dieser Zeit links von ihr – sein Bauch zeigt nach rechts, wie das Sütterlin-z für „zunehmend". Nach Vollmond nähert sich der Mond wieder der Sonne am Himmel, indem er sich beim

1 – Der Mond am Himmel

Zurückfallen von ihr einholen lässt. Er nähert sich ihr also von rechts – Westen –, sodass sein Bauch nach links zeigt, wie im Schreibschrift-a für „abnehmend".

„Das ist alles gut und schön!", denken Sie vielleicht. „Aber heißt es nicht auch, es zeige immer dieselbe Seite des Mondes zur Erde? Wie passt das zusammen?" Ein berechtigter Einwand, dem wir nachgehen sollten. Dafür müssen wir die irdische Perspektive verlassen und uns anschauen, wie sich der Mond durchs All bewegt. Er läuft dabei nicht nur auf einer annähernden Kreisbahn um die Erde, sondern dreht sich gleichzeitig auch um die eigene Achse. Der Clou: Der Mond braucht für eine Umdrehung praktisch genauso lange wie für einen Umlauf um die Erde. Deshalb zeigt immer dieselbe Seite des Mondes zur Erde. Das können wir uns gut anhand eines Kinderkarussells vorstellen. Angenommen, wir stünden auf der sich drehenden Plattform in der Mitte. Dann würden wir sehen, wie alle Figuren auf einer Kreisbahn um uns herum laufen, aber uns immer dieselbe Seite zuwenden – wir also z. B. stets auf die Fahrerseite des Feuerwehrautos schauen. Genauso verhält es sich auch mit dem Mond: Seine Eigendrehung und sein Umlauf um die Erde sind so aufeinander abgestimmt, als wäre er eine Figur des Karussells, dessen Mittelplattform die Erde ist. Statt auf die Fahrerseite eines Feuerwehrautos, schauen wir beim Mond auf die sogenannte erdzugewandte Seite, oder auch Vorderseite. Die erdabgewandte Rückseite können wir demnach von der Erde aus niemals sehen. Erst seit Anfang der 1950er-Jahre wissen wir dank der Bilder von Raumsonden wie sie aussieht – und waren davon gründlich überrascht, doch dazu mehr im Kapitel 4, S. 90.

Also zusammengefasst: Wir sehen immer dieselbe, mal mehr, mal weniger beleuchtete, Seite des Mondes. Das kann im Umkehrschluss nur heißen, dass die Beleuchtung über die Mondoberfläche „wandert". Und das bedeutet, dass es auf dem Mond einen Tag- und Nachtrhythmus geben muss, wobei ein gesamter „Mondtag" etwa einen Monat dauert. Verbrächten wir also, angefangen bei Neumond, einen Monat auf der erdzugewandten Seite des Mondes – übrigens ungefähr so lang wie alle Astronauten in der Geschichte zusammengenommen – stünden wir zunächst im Dunkeln. Da gerade Neumond ist stünden wir auf der unbeleuchteten Seite. Erst eine Woche später, zum Halbmond, ginge für uns die Sonne auf. Zum Vollmond befände sich unser gemütliches Plätzchen schließlich in der Mitte der beleuchteten Seite: Es ist Mittag auf dem Mond. Während der folgenden Woche ginge die Sonne für uns langsam wieder unter bis wieder Neumond, also Mondnacht, ist. Doch die ist bitterkalt, also schnell zurück zur warmen Erde!

Monat kommt von Mond

Die Kunststücke des Mondes am Himmel sind nicht nur hübsch anzuschauen, sondern finden auch über handliche Zeiträume statt. Die Veränderungen sind von Tag zu Tag deutlich und wiederholen sich alle paar Wochen – da liegt der Gedanke nahe, buchstäblich die Uhr nach dem Mond zu stellen. Tatsächlich ist das im Laufe der Geschichte häufig unternommen worden. Allerdings ist der Mond als Grundlage für unseren Kalender inzwischen weitgehend von der Sonne verdrängt. Dennoch ist die Idee eines Mondkalenders auch heute noch äußerst reizvoll und einen Blick wert!

Als Einstieg lohnt sich eine Untersuchung unseres heutigen Kalenders. Was haben wir von der 365-Tage-Einteilung? Die Antwort: Unser Kalender schafft es, den Lauf der Jahreszeiten zu erklären; jeder Kalendertag ist eindeutig mit einer Jahreszeit verbunden. Im Januar ist bei uns auf der Nordhalbkugel immer Winter, am 20. oder 21. Juni haben wir Sommersonnenwende und so weiter. Das funktioniert, weil die Erde alle 365 Tage die gleiche Position im All hat. Doch nun das große Aber: Zu jeder dieser Angaben gehört eigentlich ein „in etwa", denn ganz so perfekt ist unser Kalender dann doch nicht. Um mit der astronomischen Realität übereinzustimmen, müssen Kompromisse eingegangen werden: Wir erwarten von unserem Kalender z. B., dass ein Jahr nur aus ganzen Tagen besteht.

1 – Der Mond am Himmel

Die Realität ist aber: Ein Umlauf der Erde um die Sonne, also das astronomische Jahr, dauert etwa 365 Tage und 6 Stunden. Dem begegnet unser Kalender, indem er alle vier Jahre ein Schaltjahr mit 366 Tagen einlegt, z. B. in den Jahren 2016 und 2020. Weil das allerdings nicht ganz reicht, um die Abweichung auszugleichen, fällt das Schaltjahr alle 100 Jahre aus, z. B. im Jahr 1900. Und weil das immer noch nicht ganz hinkommt, findet alle 400 Jahre das Schaltjahr trotzdem statt, wie etwa im Jahr 2000. Mit diesen Regeln stimmt unser Kalender immerhin für die nächsten Jahrtausende mit dem Lauf der Erde um die Sonne überein – und alles nur, weil wir Neujahr bitteschön um Mitternacht begehen wollen!

Doch zurück zum Mond: Wenn unser Kalender also – mit Ach und Krach – die Jahreszeiten erklären kann, erklärt er uns dann auch die Mondphasen? Die Antwort ist nein. Die Mondphasen liegen kreuz und quer über die Tage, Monate und Jahre verteilt und unser Kalender kann uns nichts darüber sagen, wann eine bestimmte Mondphase auftritt. Der Grund dafür ist, dass die Dauer einer Lunation – die Zeit von Neumond zu Neumond – mit etwa 29 Tagen und 12 Stunden und die Dauer eines Jahres von etwa 365 Tagen und 6 Stunden in keinem brauchbaren Verhältnis zueinander stehen. An dieser astronomischen Tatsache können auch geschickte Kalendereinteilungen nichts ändern. Was nicht heißt, dass wir es nicht versucht hätten! Viele Kalender der frühen Menschheitsgeschichte waren Mondkalender. Kein Wunder, denn Ereignisse wie Vollmond und Neumond sind viel offensichtlicher als etwa die Sonnenwende im Verlauf eines Jahres. So entstand schnell die Idee eines Monats, der die Dauer einer Lunation bezeichnen sollte. Die Ähnlichkeit zum Wort „Mond" ist kein Zufall, sondern zieht sich über Jahrtausende zurück durch die Sprachgeschichte. Doch schnell zeigte diese Idee erste Mängel: Teilt man ein Jahr in zwölf solcher Mond-Monate ein, ist es zu kurz – das heißt, die Jahreszeiten verspäten sich jedes Jahr um einige Tage. Wählt man hingegen 13 Mond-Monate, ist das Jahr zu lang und die Jahreszeiten sind verfrüht. Dagegen kamen verschiedene Tricks und Kniffe zum Einsatz: Bis vor etwa 2000 Jahren bastelten die alten Römer z. B. ganze Schaltmonate in ihren Kalender. Spätestens mit dem julianischen Kalender, der unter Julius Caesar einge-

Monat kommt von Mond

führt wurde und mehr als 1500 Jahre lang benutzt wurde, hatte man sich eingestanden, dass das gleichzeitige Jonglieren mit Lunationen und Jahreszeiten zu aufwendig war und die Jahreszeiten für die Landwirtschaft viel wichtiger waren. In gewisser Hinsicht teilen wir unser Jahr heute also nur noch aus Nostalgie in zwölf Monate von 28–31 Tagen ein und können sagen: Vollmond ist ungefähr einmal im Monat. Dass aber auch das nicht immer stimmt, bezeugt das geflügelte Wort vom „blue moon" im englischen Sprachraum. Damit ist heute ein Kalendermonat gemeint, in den zwei Vollmonde fallen, was einmal alle zwei bis drei Jahre vorkommt. Dementsprechend heißt „once in a blue moon" im Englischen etwa das gleiche wie für uns „alle Jubeljahre".

Sie sehen: Die Geschichte der Kalender und der Rolle des Mondes darin ist so reichhaltig und unterhaltsam, dass wir ihr hier in keinster Weise gerecht werden können. Trotz Jahrtausende währender Bemühungen um eine nützliche Zeiteinteilung, sind heute noch immer etwa 40 verschiedene Kalender in Gebrauch, die alle ihre eigenen Probleme im Alltag mit sich bringen: Wussten Sie z. B., dass der islamische Fastenmonat Ramadan über die Jahre zu verschiedenen Jahreszeiten stattfindet, da der islamische Kalender ein reiner Mondkalender ist? Daher „wandern" seine Monate in rund 33 Jahren einmal durch alle Jahreszeiten. So war das Fasten von Sonnenaufgang bis -untergang bei uns auf der Nordhalbkugel im Jahr 2016 besonders hart, denn die längsten Tage des Jahres lagen mitten im Ramadan. Auch das christliche Osterfest hängt vom Mond ab: Es findet offiziell am ersten Sonntag nach dem ersten Vollmond nach der Frühjahrs-Tagundnachtgleiche statt. Die Berechnung ist enorm kompliziert. Der berüchtigte Mathematiker und Jahrhundert-Streber Carl Friedrich Gauß entwickelte einmal eine Formel dafür, doch heute begnügen sich selbst hartgesottene Astronomen damit, das Osterdatum im Internet nachzuschlagen. Zu guter Letzt ist Ihnen vielleicht schon einmal aufgefallen, dass die christlichen Feiertage in den Orthodoxen Kirchen an anderen Daten stattfinden. Diese haben – anders als Protestanten und Katholiken – die Umstellung vom julianischen Kalender zum gregorianischen Kalender ab dem 16. Jahrhundert nicht mitgemacht. So fällt Weihnachten für sie derzeit auf den 7. Januar. Weil das Datum des Osterfestes

hingegen auch vom Mond abhängt, fällt es manchmal trotzdem für Protestanten, Katholiken und Orthodoxe auf den gleichen Tag – so zuletzt im Jahr 2017 und zum nächsten Mal wieder 2025. Ganz schön kompliziert!

Kleiner Mondvorderseiten-Reiseführer

Als ich gerade in der Grundschule war, kam „Apollo 13" ins Kino. Ich liebe den Film bis heute! Tom Hanks spielt den NASA-Astronauten Jim Lovell und Kathleen Quinlan seine Frau Marilyn. In der Anfangsszene sitzen beide nach einer Feier anlässlich der ersten Mondlandung hinter ihrem Haus und betrachten den Mond. Dabei fragt Marilyn ihren Mann: „Wo ist mein Berg?" Jim Lovell hatte nämlich – nicht nur im Film, sondern auch in der Realität – anlässlich seiner Umrundung des Mondes mit der Mission Apollo 8 einen kleineren Berg am Rande der Mondvorderseite für seine Frau „Mount Marilyn" getauft. Dieser Name ist 2017, fast 50 Jahre später, von der Internationalen Astronomischen Union (IAU) offiziell anerkannt worden. Im Film versucht Jim Lovell seiner Frau die Position zu erklären: „Siehst du das da, wo der Schatten in den weißen Bereich einfällt? Das ist das Meer der Ruhe. Dein Berg ist genau am Rand davon, siehst du?", woraufhin Marilyn nur erwidert: „Ich sehe ihn nicht." An dieser Stelle des Films war ich stets auf ihrer Seite: Auch ich konnte mit der Beschreibung absolut nichts anfangen und fand es ohnehin schwierig, auf der Mondoberfläche etwas zu erkennen, erst recht mit bloßem Auge. Mit ein bisschen Übung habe ich inzwischen gelernt, wenigstens ein paar Einzelheiten des Mondes zu erkennen. Dafür möchte ich hier ein paar Tipps geben, ohne dass wir uns in Details verlieren. Dafür gibt es andere Bücher, wie hinten in den Literaturtipps (siehe S. 124) oder unter www.michael-bueker.de/mondquellen aufgeführt.

Quer durch die Zeitalter und Kulturen hat es verschiedenste Ideen dessen gegeben, was man auf der Mondoberfläche (vermeintlich) ausmachen kann. Lange galt es als selbstverständlich, dass er ähnliche Landschaften wie die Erde besitzt; inzwischen ist der Mond jedoch gründlich entzaubert. Wir wissen, dass seine Oberfläche staubig und fast vollständig trocken ist und dass es dort keine Atmosphäre und kein Leben gibt. Das macht den Mond aber noch lange nicht langweilig – im

Kleiner Mondvorderseiten-Reiseführer

dritten Kapitel (siehe S. 52) werden wir seine Besonderheiten ganz genau kennenlernen. Doch manche märchenhaften Bilder von der Mondoberfläche haben auch diese Entzauberung überlebt. So gibt es immer noch viele, die in seiner Vorderseite ein Gesicht erkennen. Der Begriff „Mondgesicht" – laut Duden ein „rundes, volles Gesicht" – zeugt davon. Punkt, Punkt, Komma, Strich … Mir ist diese Vorstellung leider komplett fremd. Ich kann auf der Mondvorderseite beim besten Willen kein Gesicht erkennen, genauso wenig wie das in China übliche Kaninchen. Deshalb bleibe ich einfach ganz poesiefrei bei den dunklen Flecken und hellen Flächen, auf die sich hoffentlich alle einigen können.

MEER DER Gefahren

In der Fachsprache heißen die dunklen Flecken „Maria". Der Begriff kommt aus dem Lateinischen von „Mare" für „Meer" (Maria sind also die Meere) und wird deshalb auf der ersten Silbe betont. Als alter Latein-Streber erlaube ich mir deshalb, sie zur Eingewöhnung ein paarmal als „Māria" zu schreiben. Wenn aber die Māria gar keine Meere sind, was dann? Es sind vergleichsweise tiefliegende, ebene Flächen aus dunklerem Gestein, die deutlich weniger Berge und Krater aufweisen als die hellen Flächen. Die Māria sind im Allgemeinen rund – ein Hinweis auf ihre Entstehung als große Einschlagbecken, die mit Lava vollgelaufen sind. Die hellen Flächen hingegen machen die Teile des Mondes aus, die nicht zu den Māria gehören. Sie heißen Hochländer, weil sie – Überraschung! – höher gelegene Flächen sind. Über und über von Kratern bedeckt, zerklüftet und bergig, ist ihr Gestein heller, was sie deutlich von den Māria unterscheidet. Wie Gesteinsproben bewiesen haben, sind die Hochländer deutlich ältere Landschaften als die Māria. Mondmeere auf der Vorderseite tragen überwiegend historische, märchenhafte Namen auf Latein. Manche davon klingen heute etwas albern – was kennzeichnet ein Mondmeer denn ausgerechnet als das Honigmeer oder das Wolkenmeer? Immerhin klingen aber einige der lateinischen Namen ziemlich cool, etwa des Oceanus Procellarum, dem Ozean der Stürme, oder meinem Lieblings-Mondmeer, dem Mare Crisium, Meer der Krisen oder Meer der Gefahren. Übrigens gibt es passend zu den Māria auch „Seen" von ähnlicher Gestalt, jedoch flächenmäßig kleiner. Unter ihnen geht es nicht weniger poetisch zu und neben den Seen der Freude, der Hoffnung und der Träume gibt es auch

Honig-Meer

WOLKEN-MEER

1 – Der Mond am Himmel

solche, deren Namen wie für Metal-Bands gemacht scheinen: Lacus Odii, Lacus Timoris, Lacus Mortis – die Seen des Hasses, der Furcht und des Todes. Seen, die teils mit Maria verbunden sind, heißen Buchten. Unter ihnen geht es namensmäßig wieder deutlich gesitteter zu, etwa in der Regenbogen-Bucht, der Bucht der Harmonie oder der Bucht der Liebe: Sinus Iridium, Sinus Concordiae und Sinus Amoris. Die meisten der übrigen kleineren Oberflächenstrukturen wie Krater und Täler sind nach Personen aus der Wissenschaftsgeschichte benannt. Viele große Gebirge sind ulkigerweise nach echten europäischen Gebirgen benannt, sodass es auch auf dem Mond Apenninen, Karpaten, ein Jura und die Alpen gibt.

Zur Orientierung hat der Mensch auch für den Mond, ähnlich wie auf der Erde, ein Koordinatensystem eingeführt. Und dann noch eins und noch eins und alle widersprechen sich – solche Verwirrungen haben leider in der Astronomie eine lange Tradition. Machen wir es uns daher einfach: Für uns in den höheren Breiten auf der Nordhalbkugel der Erde gilt – fast schon peinlich einfach ausgedrückt –, wenn wir den Mond betrachten: Norden ist oben, Süden ist unten, Osten rechts und Westen links. Ungefähr auf halber Höhe am östlichen Rand des Mondes – also rechts – liegt das in meinen Augen auffälligste Merkmal der Mondvorderseite: das Mare Crisium. Es ist für seine Größe einzigartig auf der Vorderseite, weil es mit keinem anderen Mare verbunden ist. Dank dieser isolierten Lage ist es besonders leicht auszumachen. Durch seine auffällige Erscheinung ist das Mare Crisium für meine Augen zu einer Art Orientierungs-Anker geworden. Der zweite Anker liegt weit im Süden und etwas westlich der Mitte der Vorderseite: Krater Tycho mit seiner besonders hellen Umgebung und seinen weit auslaufenden Strahlen. Ähnlich wie das Mare Crisium den Osten, beherrscht Tycho in meinen Augen den Süden der Mondvorderseite und ist besonders leicht zu erkennen. Mit diesen beiden einfach auszumachenden Merkmalen können Sie sich auf der Mondvorderseite oft auch dann orientieren, wenn Ihnen der Mond – weit weg von zu Hause oder auf einem Foto – in einer ungewohnten Lage über den Weg läuft. Nun können wir noch ein paar interessante Orte auf dem Mond kennenlernen, jedoch ohne uns zu lange damit aufzuhalten. Denn ich merke: So langsam haben wir uns am

Kleiner Mondvorderseiten-Reiseführer

Himmel sattgesehen und es zieht uns ins All, wo wir den Mond im nächsten Kapitel in seiner natürlichen Umgebung kennenlernen.

Westlich – also links – vom Mare Crisium liegen drei Maria wie auf einer Perlenschnur übereinander und bilden eine *sehr tolle Formation*. Das sage ich so, weil es als Eselbrücke für ihre Namen von oben nach unten taugt: Mare **S**erenitatis, Mare **T**ranquilitatis und Mare **F**oecunditatis – eine **s**ehr **t**olle **F**ormation eben. Im mittleren der drei, dem Mare Tranquilitatis, fand mit Apollo 11 die erste Mondlandung statt und im Hochland an seinem nördlichen Rand mit Apollo 17 die bislang letzte. Im Südosten dieses Mare liegt übrigens auch der Mount Marilyn, den wir vorhin kennengelernt haben. Im Norden und Westen der Mondvorderseite gibt es weniger Ankerpunkte, da sich hier viele große Maria tummeln und vielfach ineinander übergehen. Der ganze westliche Rand ist vom Oceanus Procellarum dominiert, dem einzigen „Ozean" auf dem Mond; riesengroß und unübersichtlich. Eine praktische Orientierungshilfe haben wir dort dennoch: Das große, fast kreisrunde Mare Imbrium liegt gleich links vom Mare Serenitatis und geht an seinem unteren linken Ende schließlich in den Oceanus Procellarum über. Es bildet damit eine Brücke von unserer sehr tollen Formation zum unübersichtlichen Westen. Zu guter Letzt lernen wir noch zwei Krater am Rande des Mare Imbrium kennen, die gut mit dem bloßen Augen zu erkennen sind: Südlich des Mare Imbrium liegt zum einen der Krater Copernicus. Er hat, ähnlich wie Tycho, eine auffallend helle Umgebung, die von annähernd konzentrischen Strahlen durchzogen ist. Copernicus ist damit gewissermaßen der kleine, etwas nördlicher gelegene Bruder von Tycho. Und schließlich noch einer meiner absoluten Lieblinge: der Krater Aristarchus. Er ist deutlich kleiner als Tycho oder Copernicus aber dafür noch heller. Er liegt ein Stück südwestlich des Mare Imbrium in der Ödnis des Oceanus Procellarum. Vor dessen dunklem Hintergrund funkelt Aristarchus wie eine Perle und ist kaum zu übersehen. Das war unsere kleine Tour über das Mondgesicht und mit unserem Kapitel über den Mond am irdischen Himmel. Im nächsten erwarten uns nicht nur die Geheimnisse seiner Bahn durchs Weltall, sondern auch aufregende Ereignisse wie Sonnen- und Mondfinsternisse!

Kapitel 1: Der Mond am Himmel

→ Die BASICS

Mit blossen Augen gut zu sehen

umtriebig & veränderlich

"Buckeliger" Mond

Zunehmender HALBmond

VOLLMOND (nachts)

Zunehmender SICHELmond — nur abends

1 LUNATION → ~1 MONAT

abnehm. HALBmond

NEUMOND (unsichtbar)

abnehmender SICHELmond — nur morgens

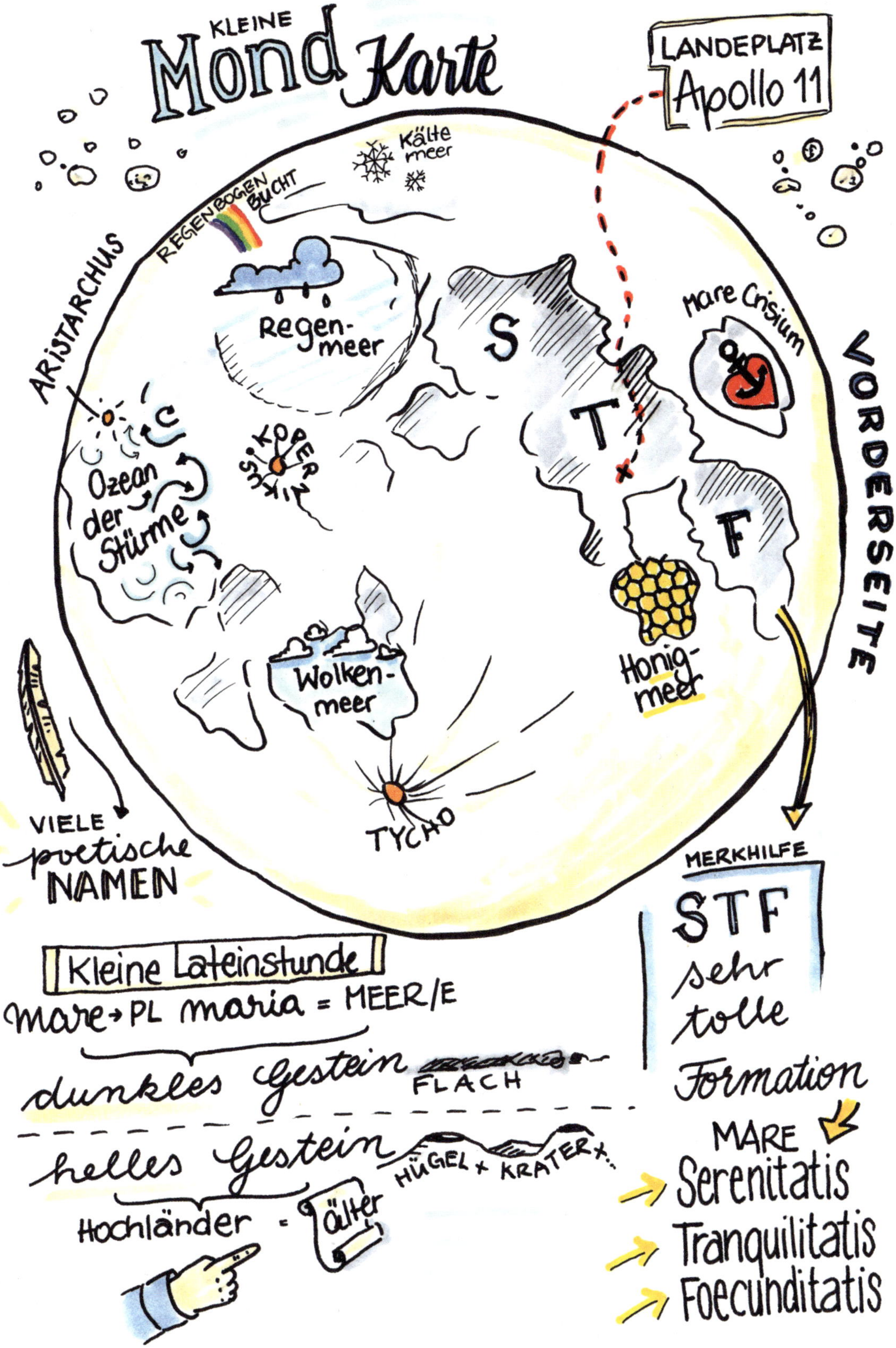

KLEINE Mond Karte

LANDEPLATZ Apollo 11

Kälte meer

REGENBOGEN BUCHT

Regen-meer

ARISTARCHUS

Ozean der Stürme

KOPERNIKUS

S T F

Mare Crisium

VORDERSEITE

Wolken-meer

Honig-meer

TYCHO

VIELE poetische NAMEN

Kleine Lateinstunde

mare → Pl. maria = MEER/E

dunkles Gestein — FLACH

helles Gestein — HÜGEL + KRATER

Hochländer = älter

MERKHILFE

STF sehr tolle Formation

MARE
→ Serenitatis
→ Tranquilitatis
→ Foecunditatis

Der Mond im All

2 – Der Mond im All

Erinnern Sie sich noch an den 11. August 1999, als eine totale Sonnenfinsternis über Süddeutschland erwartet wurde? Ein Jahrhundertereignis, das sich in Deutschland erst kurz vor meinem 95. Geburtstag wiederholen wird! Ich war damals am richtigen Ort – aber das war es auch schon. Schlecht gelaunt verbrachte ich meine erste und bisher einzige totale Sonnenfinsternis im Stau auf der Autobahn. Es war ein schwacher Trost, dass fast niemand in Deutschland die Sonnenfinsternis richtig genießen konnte, weil sie von einer dichten Wolkendecke erstickt wurde. Rückblickend hatte diese Jahrhundertenttäuschung aber ihr Gutes: Wenn heute seltene Himmelereignisse in meiner Reichweite liegen, lasse ich sie mir nicht so leicht entgehen, wie z. B. den letzten Venustransit (Vorbeizug vor der Sonne) dieses Jahrhunderts am 6. Juni 2012 im Hamburger Stadtpark. Aber wann genau kommt es zu einer Sonnenfinsternis und warum so selten? Knifflig, doch der Weg zur Antwort macht eine Menge Spaß. Wir werden in diesem Kapitel die wichtigsten Spielregeln der Himmelkörper kennenlernen und einige geometrische Kunststückchen vor unserem geistigen Auge vollführen. Wir selbst können dabei zum Glück wie gewohnt gemütlich sitzen oder liegen bleiben.

Sieben Meter bis zum Tennisball

Der Mond kreist um die Erde – so weit, so bekannt. Aber warum fliegt er eigentlich nicht davon, fällt herunter oder entscheidet sich, lieber den Mars zu umkreisen? Was also – Trommelwirbel, bitte – hält den Mond am Himmel?

Der Mond befindet sich seit Milliarden von Jahren in einer Umlaufbahn um unseren Planeten. Lange Zeit dürfte er dort der einzige natürliche Satellit der Erde gewesen sein. Doch seit den 1950er-Jahren hat der Mond reichlich Gesellschaft bekommen: Über 1700 aktive, von Menschen geschaffene Satelliten umkreisen heute die Erde. Einer davon ist sogar seit fast 20 Jahren ununterbrochen bewohnt: die Internationale Raumstation ISS. Und obwohl unsere menschengemachten Apparate wenig mit dem Mond gemein haben, sind die physikalischen Grundlagen für ihre Erdumlaufbahnen sehr ähnlich. Was aber genau ist eine Erdumlaufbahn eigentlich und wie erreicht man sie? Gehen wir dieser Frage nach, indem wir

Sieben Meter bis zum Tennisball

ein Fußballspiel betrachten: Ein Abstoß im Fußball überfliegt meist einen guten Teil des Platzes und landet dann irgendwo im Mittelfeld, besonders kräftig getretene Bälle schaffen es bis in die gegnerische Hälfte, selten sogar ins Tor. Stellen wir uns nun einen theoretischen Abstoß mit übermenschlicher Kraft vor, der den Ball über die Zuschauerränge hinaus, bis in das nächste Stadion befördert und dort für Verwirrung sorgt. Spinnen wir die Sache weiter, stellt sich schnell die Frage: Wäre es auch möglich, dass der Ball nie wieder runterfällt? Ja! Dafür muss der übermenschlich getretene Ball nicht nur das Stadion verlassen, sondern bis zum Horizont fliegen. Und dort wird es interessant: Die Erdoberfläche ist bekanntlich gekrümmt, sodass der Ball – wenn er schnell genug ist – beim Herunterfallen „hinter" den Horizont fällt, also der Erdkrümmung folgt. Dabei erreicht er nie mehr den Boden und ist in einer Erdumlaufbahn. Aus diesem Grund folgen Raketen, die die Erde umkreisen sollen, einer Bahn schräg nach oben. Die dazu nötige Geschwindigkeit beträgt etwa 28.500 Kilometer pro Stunde bzw. 7,9 Kilometer pro Sekunde. Da sehen selbst die kräftigsten Balltreter alt aus.

Ähnlich zu unserem Fußball kann man also auch für Satelliten in einer Erdumlaufbahn sagen, dass sie sich im freien Fall befinden, sofern ihre Triebwerke ausgeschaltet sind. Dann gibt es nämlich keine Kräfte, die gegen die Schwerkraft der Erde wirken. Entscheidend dabei ist aber die Richtung, in die sie fallen. Zeigt die nämlich in ausreichendem Maße seitwärts, kann der Satellit „an der Erde vorbei" fallen. Eine wichtige Bedingung ist außerdem noch eine ausreichende Höhe. Zum einen möchte man natürlich keine Berge treffen, aber viel wichtiger: Man muss dem Luftwiderstand der Erdatmosphäre entkommen. Erst ein paar Hundert Kilometer über dem Boden ist die Luft dünn genug, damit Satelliten nicht von der Luft gebremst werden und nach kurzer Zeit doch wieder auf die Erde fallen. Nun gut: Raketen können wir also in die richtige Richtung auf eine ausreichende Geschwindigkeit bringen, um die Erde zu umkreisen. Aber was ist mit dem Mond? Der wurde ja nicht ins All geschossen und befindet sich trotzdem auf einer Umlaufbahn. Das stimmt – die Entstehungsgeschichte des Mondes verlagern wir aber in ein späteres Kapitel (siehe S. 61). Sagen wir fürs erste einfach:

2 – Der Mond im All

Er wurde in der Erdumlaufbahn geboren und „fällt" daher schon sein ganzes Leben um die Erde.

Wie sieht diese Umlaufbahn um die Erde nun konkret aus? Zunächst mal müssen wir versuchen, uns die Entfernung, in der der Mond die Erde umkreist, vorstellbar zu machen. Ihr Wert beträgt rund 380.000 Kilometer, aber sind wir ehrlich: So eine Angabe sagt uns nicht wirklich viel. Dieses Buch entsteht im zweiten Stock eines Wohnhauses, also etwa fünf bis sechs Meter über dem Boden. Wer ganz oben auf dem Eiffelturm steht, befindet sich rund 280 Meter über dem Boden, auf 500 Meter bringen es höchstens eine Handvoll Gebäude auf der Welt. Langstreckenflugzeuge bewegen sich n Flughöhen von rund zehn Kilometern – und das dürfte auch die größte Höhe sein, die wir für gewöhnlich erleben. Für eine Astronautin beginnt die Arbeit dafür erst in der zehnfachen Höhe: Nach internationaler Übereinkunft fängt 100 Kilometer über dem Meeresspiegel der Weltraum an. Wegen des Luftwiderstands der Erdatmosphäre sind Satelliten meist noch deutlich höher unterwegs. Während für uns Menschen schon die Luft auf hohen Bergen gefährlich dünn wird, ist für Sonden und Satelliten hingegen noch in Hunderten Kilometern Höhe das verbleibende Bisschen Luft ein technisches Problem, denn es bremst den Flug. Wird dieser Effekt nicht mit Triebwerken ausgeglichen, kommt es zum Sturz zurück auf die Erde. So ergeht es selbst der Internationalen Raumstation, die seit dem Jahr 2000 durchgehend von wechselnden Crews bewohnt und in dieser Zeit stets rund 300–400 Kilometer hoch über der Erde geflogen ist. Von Anfang an braucht sie dabei sie alle paar Wochen bis Monate einen „Schubser" von einem angedockten Raumschiff, um die durch Luftreibung verlorene Höhe zurückzugewinnen.

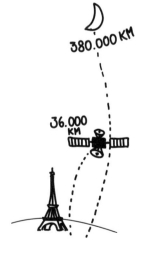

Von der Flughöhe der ISS können wir uns in zwei leicht zu merkenden Schritten zum Mond hangeln. Der erste Schritt führt um etwa das Hundertfache weiter von der Erde weg. Dort, in knapp 36.000 Kilometern Höhe, kreisen die sogenannten geostationären Satelliten um die Erde. Sie brauchen für einen Umlauf exakt einen Tag, sodass sie immer über dem gleichen Erdteil am Himmel stehen. Die in Deutschland bekanntesten Satelliten dieser Art sind wahrscheinlich jene Fernsehsatelliten, die den kommerziellen Dienst Astra 19,2 Grad Ost bedienen. Von diesen geosta-

Sieben Meter bis zum Tennisball

tionären Satelliten führt uns der zweite Schritt, diesmal um das Zehnfache, direkt zum Mond: Er umkreist die Erde in rund 380.000 Kilometern Entfernung.

Immer noch nicht so richtig anschaulich? Ein Ass haben wir noch im Ärmel: maßstabsgetreue Modelle! Sie erinnern sich an den Praxis-Tipp mit Globus des vorangegangenen Kapitels. Darauf greifen wir jetzt zurück und nehmen einen Basketball mit etwa 24 Zentimetern Durchmesser als Globus. Wie sieht dann der Weg von dieser Basketball-Erde durchs Weltall bis zum Mond aus? Fangen wir vorne an: Die Internationale Raumstation umkreist unseren Basketball-Globus in einer Höhe von 7,5 Millimetern, also etwa eine Bleistiftdicke über der Oberfläche. Die geostationären Satelliten sind rund 80 Zentimeter, also einen entspannten Schritt, vom Globus weg. Dann ist der Mond schließlich ein Tennisball im nächsten Zimmer, gut sieben Meter entfernt. Mit einem Millimeter pro Minute schleicht er innerhalb eines Monats um unseren Globus herum. Die sieben Meter zum Mond wurden bei den Mondflügen mit der größten Rakete der Geschichte in den 1960ern übrigens in drei Tagen überwunden. In unserem Bälle-Modell hätten die Apollo-Raumschiffe dann einen Millimeter in fünf Sekunden zurückgelegt.

> Sollten Sie irgendwann in einem Sportwarenladen einen nicht gerade athletischen Mann sehen, der nachdenklich zwischen einem Basketball und einem sieben Meter entfernten Tennisball hin- und herschaut: Das könnte ich sein. Kommen Sie doch Hallo sagen!

Nun haben wir ein Bild von Erde und Mond und des Abstands zwischen ihnen. Doch wie sieht die Mondbahn im All aus? Beginnen wir mit der scheinbar einfachsten Eigenschaft der Mondbahn: ihrer Kreisform. Überraschung! – Sie ist nämlich gar kein richtiger Kreis, sondern tatsächlich eine Ellipse, also leicht „eierförmig". Astronomen sprechen dabei

2 – Der Mond im All

auch vornehm von einer geringen Exzentrizität. Für den Mond hat diese Exzentrizität einen Zahlenwert von 0,055. Zum Vergleich: Die Bahn der Erde um die Sonne ist mit einer Exzentrizität von nur 0,017 deutlich kreisförmiger. Merkurs Bahn ist hingegen mit einer Exzentrizität von 0,206 deutlich in die Länge gezogen und stark elliptisch. Die Ellipsenform der Mondbahn sorgt dafür, dass der Mond nicht immer den gleichen Abstand zur Erde hat. Im Laufe eines Mond-Monats kommt er der Erde mal näher und mal entfernt er sich. Der erdnächste Punkt seiner Umlaufbahn, auch Perigäum genannt, ist rund 356.000 Kilometer weit von der Erde weg. Zwei Wochen später, im erdfernen Apogäum, beträgt die Entfernung etwa 407.000 Kilometer. Dabei gibt es also sowohl nahe als auch ferne Vollmonde, nahe und ferne Neumonde sowie alles dazwischen. Sein Winkeldurchmesser am Himmel schwankt zwischen rund 0,49 und 0,57 Grad. Beim Anblick des Mondes bemerkt man die Größenänderung mit den Augen allerdings kaum. Mit etwas Hilfe können Sie diese Schwankungen leicht nachstellen: Bitten Sie jemanden, in drei entspannten Schritten Abstand von Ihnen ein 1-Euro-Stück und ein 2-Euro-Stück hochzuhalten. Damit haben wir die Größe des Mondes am Himmel in Perigäum (2-Euro-Münze) und Apogäum (1-Euro-Münze) dargestellt. Viel stärker wird die scheinbare Größe des Mondes am Himmel durch einen Effekt bestimmt, der sich allein in unserem Kopf abspielt. Der Mond erscheint uns nämlich größer, wenn er tiefer am Horizont steht. Dass es sich um eine optische Täuschung handelt, kann man jedoch leicht mit Hilfe von Fotos aufdecken. Die Ursache für diese Illusion ist sogar seit Jahrzehnten Gegenstand einer lebhaften Debatte unter Psychologen. Auch ist der Mond – je nach seiner Entfernung – mal heller und mal dunkler am Himmel. Jedoch ist ein Vollmond in Erdnähe nur etwa sieben Prozent heller als ein durchschnittlicher Vollmond. Diese Tatsachen lohnt es sich im Hinterkopf zu haben, wenn mal wieder ein „Supermond", also schlichtweg ein Vollmond in Erdnähe, durch die Medien geistert. Diesen können wir kaum von einem „normalen" Vollmond unterscheiden. Erst recht, da wir niemals einen direkten Vergleich vor Augen haben – schließlich gibt es zu jedem Zeitpunkt nur den einen Mond am Himmel. Mit einer guten Ausrüstung zum Fotografieren des Nachthimmels ist ein solcher Vergleich dennoch möglich, sofern man die nötige Geduld mitbringt, denn zwischen erdnahem und erdfernem Vollmond liegen stets sieben Lunationen, also rund ein halbes Jahr.

Wir sehen, dass der Physiker aus dem Lied zu Beginn des ersten Kapitels sowohl Recht als auch Unrecht hat. Seine Begleiterin schwärmt: „Der Mond ist heute riesengroß" und erliegt damit zweifellos der eben beschriebenen optischen Täuschung. Andererseits ist die Antwort, der Durchmesser des Mondes betrage „konstant 31 Bogenminuten" auch nicht richtig. Wegen der Ellipsenform der Mondbahn schwankt der Durchmesser der Mondscheibe nämlich tatsächlich zwischen 29 und 34 Bogenminuten.

Synode im Stadion

Die Form der Mondbahn kennen wir jetzt. Nun interessiert uns seine Geschwindigkeit. Beginnen wir daher mit der einfachsten Frage: In welcher Zeit läuft der Mond einmal um die Erde? Versetzen wir uns dafür in ein Raumschiff in einiger Entfernung zur Erde. Weder unser Abstand noch die Richtung zu ihr verändern sich; die Erde hängt für uns bewegungslos im All, während sie sich um sich selbst dreht. Nun fällt uns der Mond ins Auge, wie er gemächlich um die Erde kreist. Wir merken uns die Position des Mondes – etwa, indem wir sie mit einem Stift am Fenster markieren. Dann können wir einfach die Zeit messen, bis er das nächste Mal an exakt derselben Stelle steht. Zum Glück haben wir ein paar gute Bücher dabei, denn das dauert geschlagene 27 Tage und 7:43 Stunden! Diese Zeitspanne wird siderischer Monat genannt, abgeleitet vom Lateinischen für Sternenmonat, und entspricht der Zeit, nach der unser Mond am Himmel wieder die gleiche Stellung zu den Sternen hat. Die fernen Sterne sind in Bezug auf den Mond praktisch unbeweglich wie unser imaginäres Raumschiff. Nach Ablauf des siderischen Monats rufen wir auf der Erde an und fragen nach der aktuellen Mondphase. Wenn wir unsere Beobachtung beispielsweise zu Neumond gestartet hatten, müsste nach den 27 Tagen und 7:43 Stunden doch auch wieder Neumond sein, oder? Sie ahnen es – Überraschung! Für Mondbeobachter auf der Erde steht noch der abnehmende Sichelmond morgens am Himmel, es

2 – Der Mond im All

fehlen augenscheinlich noch ungefähr zwei Tage bis zum nächsten Neumond. Offenbar unterscheidet sich also der siderische Monat von der Dauer einer Lunation.

Um nicht durcheinander zu kommen, können wir an dieser Stelle einmal drei Begriffe zusammenfassen, die alle das gleiche meinen: Die „Zeit von Neumond bis Neumond" meint dasselbe wie die „Dauer der Lunation" und heißt unter Astronomen auch synodischer Monat. Dieser Begriff ist abgeleitet vom Altgriechischen für Zusammenkunft, weil der Mond zu Neumond zwischen Erde und Sonne steht. Dieser synodische Monat dauert 29 Tage und 12:44 Stunden. Aha! – Die durchschnittliche Zeit von einem Neumond zum nächsten ist also rund 2 Tage und 5 Stunden länger als der Mond für einen Umlauf um die Erde braucht. Wie kommt das? Der Schlüssel liegt darin, dass die Mondphasen nicht nur von Mond und Erde bestimmt werden, sondern auch von der Sonne. Wie der Mond zur Sonne steht, wird aber wiederum vom Lauf der Erde bestimmt – denn die hat ja auf ihrer eigenen Bahn um die Sonne den Mond immer „im Gepäck". Gehen wir das einmal Schritt für Schritt am Beispiel der Mondphasen im Herbst 2019 durch: Am 14. September gegen 05:30 Uhr morgens ist Vollmond. Ab diesem Zeitpunkt wird der Mond einen siderischen Monat von gut 27 Tagen brauchen, um die Erde einmal zu umkreisen, und am 11. Oktober gegen 13 Uhr wieder an der gleichen Stelle seiner Erdumlaufbahn stehen. Jedoch: In der Zeit von Mitte September bis Mitte Oktober ist auch die Erde ein Stück weiter um die Sonne gelaufen und ein Kalendermonat vergangen, es ist also ein Zwölftel des Jahres verstrichen. Die Erde hat folglich ein Zwölftel ihres Weges um die Sonne zurückgelegt. Diesen „Vorsprung" muss der Mond erst aufholen, bevor er wieder als Vollmond für uns am Himmel steht. Dafür braucht der Mond weitere 2 Tage und 5 Stunden. Der nächste Vollmond ist also nicht etwa nach Ablauf eines siderischen Monats am 11. Oktober, sondern erst nach Ablauf eines synodischen Monats, am 13. Oktober gegen 22 Uhr abends.

Das hätten wir ... Aber Moment mal: Was bedeutet es überhaupt, eine Uhrzeit für den Vollmond anzugeben? Im Alltag reicht uns ein einfaches „Heute ist Vollmond." Wenn wir uns aber für die Kunststücke des Mondes im All interessieren, lohnt es sich, Vollmond oder Neumond als Er-

Synode im Stadion

eignisse zu bestimmten Zeitpunkten zu verstehen: Der Mittelpunkt des Mondes läuft zu einem ganz exakten Zeitpunkt über die gedachte, verlängerte Verbindungslinie Sonne–Erde. Und dieser Zeitpunkt ist der Vollmondzeitpunkt, den wir in astronomischen Jahrbüchern finden. Für uns auf der Erde sieht er allerdings auch in den Stunden davor oder danach noch gleich aus – voll beleuchtet. Wenn wir uns die Vollmond-Zeitpunkte genauer ansehen, merken wir allerdings: Sie können auch auf eine Uhrzeit fallen, zu der wir den Mond gar nicht sehen. So ist z. B. der Vollmond am 15. August 2019 um 13:29 Uhr unserer Zeit. Dummerweise ist der Mond da noch gar nicht aufgegangen, sodass wir den Vollmondzeitpunkt in Deutschland verpassen. Eine Beobachterin in Australien oder Neuseeland kommt an jenem Tag hingegen in den Genuss des Vollmondzeitpunktes, während der Mond hoch am Himmel steht.

Zurück zur Dauer der Mond-Monate. Wir haben gesehen: Selbst nach einem kompletten Umlauf um die Erde hat der Mond noch keine ganze Lunation vollführt. Er muss stattdessen noch eine Strecke „aufholen", da sich die Erde in der Zwischenzeit weiter um die Sonne bewegt hat. Der synodische Monat ist also 2 Tage und 5 Stunden länger als der siderische Monat. Das ist wie ein Langlauf im Stadion unter erschwerten Bedingungen: Jede Runde wird die Zielmarke um 40 Meter nach hinten verlegt. Eine Runde beträgt deshalb nicht die üblichen 400 Meter, sondern gleich 440 Meter, sodass sich auch die Rundenzeit etwas verlängert.

Doch damit ist die Geschichte noch nicht am Ende. Die Dauer des synodischen Monats von 29 Tagen und 12:44 Stunden ist nämlich nur ein Durchschnittswert. Tatsächlich können Lunationen um bis zu sechs Stunden länger oder kürzer sein und der Neumondzeitpunkt entsprechend früher oder später eintreten. Bevor wir physikalische Gesetze wälzen, schauen wir uns das einmal anhand unserer tapferen Läuferin im Stadion an: Sie muss in jeder Runde bekanntlich eine Extrastrecke laufen, bevor ihre Zeit gezählt wird. Die zusätzlichen 40 Meter werden dabei immer an ihre aktuelle Runde angehängt und die Läuferin läuft diese Strecke somit immer zweimal pro Runde ab. Nun hat sie im Stadion aber womöglich auf

2 – Der Mond im All

einem bestimmten Teil ihrer Strecke mehr Tempo drauf als anderswo – etwa dort, wo ihre Familie sie von der Tribüne anfeuert. Wenn sie Glück hat, beginnt ihre Runde genau an dieser Stelle und sie kommt als Teil ihrer Extrastrecke noch ein zweites Mal daran vorbei. Dann wird sie eine kürzere Rundenzeit erreichen: Immerhin wurde sie doppelt angefeuert! Wie sich das auf den Mond übertragen lässt, hatte bereits im 17. Jahrhundert erstmals der Naturforscher Johannes Kepler beschrieben und auf eine mathematische Grundlage gestellt. Sie ist Teil der sogenannten Keplerschen Gesetze, die für alle Himmelskörper gelten, die sich im All umkreisen. Diesen Gesetzen zufolge läuft der Mond auf jenem Teil seiner Bahn schneller, der am nächsten an der Erde liegt. Je weiter er von der Erde weg ist, desto langsamer umkreist er sie. Durchschnittlich rast der Mond mit etwa einem Kilometer pro Sekunde um die Erde herum, sodass er die rund 2,4 Millionen Kilometer in rund vier Wochen zurücklegt. Je nachdem, wie nah oder fern er der Erde steht, ist seine Geschwindigkeit leicht unterschiedlich. In der größten Erdnähe sind es 1,08 Kilometer pro Sekunde, in Erdferne hingegen 0,97 Kilometer pro Sekunde.

Dieser scheinbar kleine Unterschied hat beträchtliche Auswirkungen. Wenn der Mond zu Neumond in Erdnähe ist, durchläuft er seine „zusätzliche Strecke" besonders schnell und die Lunation ist mehrere Stunden kürzer. Nach einem halben Jahr – also ungefähr sieben Lunationen später – steht die Erde auf der anderen Seite der Sonne. Das heißt umgekehrt aber auch, dass die Sonne von uns aus gesehen auf der anderen Seite steht – auf der Mondbahn sind die Positionen von Neumond und Vollmond vertauscht. Der Neumond liegt nun in Erdferne und die Lunation dauert einige Stunden länger als durchschnittlich. Hierdurch ergibt sich übrigens, dass wir ein kleines bisschen mehr vom Mond sehen können als nur die Hälfte, die genau zur Erde zeigt. So umkreist der Mond die Erde zwar mit unregelmäßiger Geschwindigkeit, aber dreht sich dennoch mit gleichbleibender Geschwindigkeit um sich selbst. Das bewirkt, dass wir an zwei Punkten entlang seiner Bahn ein bisschen am linken beziehungsweise rechten Mondrand „vorbeilinsen" können. Dieser Effekt heißt „Libration in Länge" oder anschaulicher das „Kopfschütteln des Mondes". Es erlaubt uns, am linken und rechten Rand jeweils rund sieben Grad mehr von der Mondoberfläche zu sehen als wir es könnten, wenn die Mondbahn ein perfekter Kreis wäre. Rein praktisch erkennt man es daran, dass das Mare Crisium im Osten der Mondvorderseite manchmal ganz am Rand erscheint und manchmal ein Stück davon entfernt. Im Westen gilt das gleiche für den auffallend dunklen Krater Grimaldi am Rande des Oceanus Procellarum.

Aber zurück zur Lunation: Um wie viele Stunden genau sind die Lunationen durch die ungleiche Geschwindigkeit des Mondes nun eigentlich länger oder kürzer? Um das zu beantworten, müssen wir noch einmal unsere Läuferin bemühen. Ich weiß, ich weiß: Sie ist inzwischen reichlich erschöpft und wir sind es auch – nicht so sehr vom Laufen, sondern von den geometrischen Verrenkungen des Mondes. Nur noch zwei kleine astronomische Effekte und wir sind endlich in die Umkleide entlassen.

Unsere erste kleine Korrektur am Lauf im Stadion ist, dass die „zusätzliche Strecke" der Läuferin nicht immer genau 40 Meter beträgt: Mal muss sie nur 38 Meter extra laufen, mal sind es gleich 42 Meter. Das wirkt sich natürlich auf ihre Rundenzeit aus. In der Realität entspricht das der veränderlichen Geschwindigkeit der Erde um die Sonne. Auch deren Bahn ist leicht exzentrisch und ihre Geschwindigkeit schwankt zwischen 29,29 Kilometer pro Sekunde und 30,29 Kilometer pro Sekunde und der Mond muss mal mehr, mal weniger „aufholen". Aber – und jetzt wird es besonders anspruchsvoll – der erdnächste Punkt der Mondbahn liegt dort nicht fest. Stattdessen läuft er dem Mond auf seiner Bahn vorweg, was Astronomen „Drehung der Apsidenlinie" nennen. Der Grund dafür ist der Einfluss der Sonne auf das System aus Erde und Mond. Für unsere Läuferin heißt das: Die Familie, die sie von den Rängen aus zum schnelleren Laufen anfeuert, setzt sich alle Nase lang ein Stück weiter in Laufrichtung. Die Periode, mit der das passiert, sind 8,85 Jahre oder etwa 111 Lunationen.

Nun können wir endlich alles zusammensetzen: Im günstigsten Fall werden der Läuferin zwei Meter pro Runde weniger aufgeschlagen und sie kommt zweimal pro Runde an ihrer Familie vorbei. Für den Mond heißt das: Die Erde ist am sonnenfernsten Punkt ihrer Bahn und der Neumond liegt in Erdnähe. Dann ist die Lunation etwa sechs Stunden eher vorbei als im Durchschnitt. Im ungünstigsten Fall für die Läuferin beträgt ihre zusätzliche Strecke 42 Meter und sie muss mit nur einfacher statt doppelter Anfeuerung laufen. Das bedeutet: Die Erde steht der Sonne nahe und umkreist sie schneller, während der Neumond in Erdferne liegt. Dann dauert eine Lunation etwa sieben Stunden länger als durchschnittlich. Diese extreme Schwankung der Lunationsdauer von 13 Stunden – immerhin ein halber Tag! – im Laufe eines Halbjahres tritt aber nur knapp alle neun Jahre auf. Zu den übrigen Zeiten gleichen sich all die erwähnten Effekte teilweise gegenseitig aus, sodass die Lunationsdauer auch nur um minimal sechs Stunden im Halbjahr schwanken kann.

Puh! Spätestens jetzt ist klar, welch enorme Komplikationen ein Mondkalender mit sich bringt.

Total Eclipse auf der Ekliptik

Jetzt sind wir endlich mit dem nötigen Vorwissen ausgestattet, um den seltenen und faszinierenden Mond- und Sonnenfinsternissen auf den Grund zu gehen. Wie wir gesehen haben, steht der Mond zu Neumond zwischen Sonne und Erde. Er ist dann am Himmel ganz in der Nähe der Sonne, weshalb wir ihn auch gar nicht sehen können: Die Sonne überstrahlt die unbeleuchtete Seite, die uns der Mond zuwendet. Zu einer Sonnenfinsternis käme es, wenn der Mond dabei ganz genau vor der Sonne vorbeizöge – aber das passiert unserer Erfahrung nach nur sehr selten. Warum eigentlich? Nach allem, was wir inzwischen über die Umlaufbahn des Mondes wissen, überrascht die Antwort wenig: Es liegt daran, dass sein Weg durchs All ein paar Eigenheiten hat. Wir wissen bereits, dass seine Umlaufbahn kein wirklicher Kreis und ihre Lage im Raum veränderlich ist. Den wichtigsten Grund für die seltenen Finsternisse lernen wir jetzt noch kennen – anhand eines Swimmingpools.

Denken wir an einen Pool im Garten. Die sonst herumtobenden Kinder sind schon beim Abendessen; die Wasseroberfläche ist ungestört und glatt, nur ein paar bunte Wasserbälle dümpeln noch vor sich hin. Wir sehen einen großen gelben Ball in der Mitte und einige kleine Bälle in verschiedenen Abständen drum herum. Das ist ein geeignetes Bild dafür, wie die Planeten um die Sonne laufen: Sie bewegen sich nicht etwa

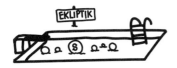

Total Eclipse auf der Ekliptik

kreuz und quer durch den Raum, sondern bleiben immer fast genau in einer Ebene um die Sonne; wie die Wasserbälle im Pool. Weil diese alle auf der Wasseroberfläche schwimmen liegen sie alle in einer Ebene um den großen gelben Sonnenball in der Mitte. Auf unser Sonnensystem übertragen ist die „Wasseroberfläche" die sogenannte Ekliptik, in der sich alle Planeten aufhalten.

> STREBER-ALARM: Genau genommen bezeichnet „Ekliptik" keine Ebene im Raum, sondern den Weg der Sonne über unseren Himmel im Laufe eines Jahres. Den kannten die Menschen schon in der Antike, lange bevor die Gestalt des Sonnensystems verstanden wurde. Doch Achtung: Die „Ekliptikebene" bezeichnet wiederum die Bahnebene allein der Erde um die Sonne. Sie weicht um ein paar Grad von den Bahnebenen der anderen Planeten ab. Rein physikalisch gesehen gibt es ohnehin keinen guten Grund, ausgerechnet die Erde als Maßstab zu nehmen. Streng physikalisch definiert ist hingegen die sogenannte invariable plane, zu Deutsch „unveränderliche Ebene" des Sonnensystems. Sie berücksichtigt die verschiedenen Massen und leicht unterschiedlichen Neigungen der Planetenbahnen. So genau nehmen es aber selbst Astronomen in aller Regel nicht.

Wenn also die Erde auf der „Wasseroberfläche" des Sonnensystems um die Sonne kreist, was ist dann mit dem Mond? Können wir ihn vielleicht als kleinen Flummi sehen, der um die Erde im Kreis schwimmt? Nicht ganz. Die Mondbahn ist nämlich um etwa fünf Grad gegen die Ekliptik geneigt. Das können wir uns so vorstellen, als würde der Mond-Flummi stets der Außenkante einer Schallplatte folgen. Diese Schallplatte liegt aber nicht flach auf dem Wasser, sondern ist – im Winkel von fünf Grad – gekippt, wobei ihr Mittelpunkt unser Erd-Ball ist. Das bedeutet, dass die Schallplatte auf einer Seite um etwa einen Zentimeter aus dem Wasser ragt, während die gegenüberliegende Seite genauso weit unter Wasser liegt. Wenn wir nun den Weg des Mond-Flummis entlang der Schallplatten-Kante verfolgen, beobachten wir: Eine Weile läuft er unterhalb der

2 – Der Mond im All

Wasseroberfläche, dann taucht er auf und läuft darüber weiter. Auf der anderen Seite der Schallplatte taucht der Flummi wieder ab. So auch im Sonnensystem, mit der Wasseroberfläche als Ekliptik. Für die Hälfte eines Erdumlaufs befindet sich der Mond unterhalb der Ekliptik, bis er „auftaucht" – an einem Punkt, den Astronomen „aufsteigender Knoten" nennen. Nach einer weiteren halben Umlaufperiode taucht der Mond wieder ab und zwar beim absteigenden Knoten. Diese Eigenheit der Mondbahn erlaubt uns übrigens wieder, ein Stückchen mehr von der Mondoberfläche zu sehen. Wenn der Mond „unter Wasser" liegt, schauen wir ihm nämlich eher von oben auf den Nordpol und „über Wasser" eher von unten auf den Südpol. Diese „Libration in Breite" (oder auch „Kopfnicken des Mondes") zeigt uns weitere sieben Grad mehr von der Mondoberfläche, als wir ohne geneigte Umlaufbahn sehen könnten. Durch Kopfschütteln und -nicken sehen wir statt nur der Hälfte insgesamt ganze 59 Prozent seiner Oberfläche!

Zurück zum Swimmingpool: Die beiden Knotenpunkte der Mondbahn – im Modell also die Punkte, in denen die Schallplatten-Außenkante durch die Wasseroberfläche stößt – werden über den Erdmittelpunkt durch die sogenannte Knotenlinie verbunden. Und nun wird auch endlich klar, warum Sonnen- und Mondfinsternisse so selten sind: Sie können nämlich nur dann stattfinden, wenn bei Neumond bzw. Vollmond diese Knotenlinie genau auf die Sonne zeigt. Zu jedem anderen Zeitpunkt steht der Mond entweder unterhalb der Ekliptik – also „unter Wasser" – oder oberhalb – „über Wasser" – und verpasst deshalb die direkte Linie zwischen Erde und Sonne.

Als wäre das nicht schon kompliziert genug, verschiebt sich die Knotenlinie auch noch entlang der Mondbahn. Das können wir uns so vorstellen, als würde die Schallplatte „eiern". In der Realität wandert die Knotenlinie in rund 18 Jahren und 7 Monaten einmal rückwärts – also entgegen der Laufrichtung des Mondes. Verantwortlich dafür ist mal wieder die Schwerkraftwirkung der Sonne. Weil die Knotenlinie dem Mond somit auf seiner Bahn entgegen schleicht, dauert es etwas weniger als eine Umlaufperiode, bis der Mond zweimal durch denselben Knoten

Total Eclipse auf der Ekliptik

gelaufen ist. Anders gesagt: Der „Knotenmonat" ist etwas kürzer als der siderische Monat und zwar um etwa 2,5 Stunden. Das ist wichtig, wenn man das Eintreten von Sonnen- und Mondfinsternissen vorausberechnen will. Sie finden nämlich immer dann statt, wenn seit der vorangegangenen Finsternis eine ganze Zahl von „Knotenmonaten" vergangen ist. Der astronomische Name des „Knotenmonats" hat deshalb auch etwas mit Finsternissen zu tun: Es ist der drakonitische Monat. Dieser Begriff entspringt nicht etwa Harry Potters Zaubererwelt, sondern stammt vom lateinischen Wort für Drache. In der Antike gab es nämlich die Vorstellung, dass die Sonne bei einer Sonnenfinsternis von einem Drachen verschluckt wird. Dass sich übrigens sogar das Wort Ekliptik auf dieses seltene Himmelsereignis bezieht, spiegelt sich noch heute im englischen Wort eclipse für Finsternis wider.

Und überhaupt finden sich Beispiele für die religiöse und gesellschaftliche Bedeutung von Sonnenfinsternissen quer durch die Menschheitsgeschichte. Für uns kaum vorstellbar, wie gewaltig und angsteinflößend eine Sonnenfinsternis vor einigen Jahrhunderten oder Jahrtausenden gewirkt haben muss. Wie im ersten Kapitel kurz erwähnt, habe ich eine Weile in Mexiko verbracht. Dort wurde ich einmal zu einem traditionellen Ballspiel mitgenommen, dem Ulama. Die Teams von je fünf Männern schlugen den Ball mit der Hüfte hin und her und vollführten dabei erstaunliche Verrenkungen. Erst als ich später das atemberaubende Nationalmuseum für Anthropologie in der mexikanischen Hauptstadt besucht habe wurde mir klar, wie tief die Wurzeln dieses kuriosen Spiels reichen. Ulama ist nämlich eine moderne Erscheinungsform des mesoamerikanischen Ballspiels, das in ganz Mittelamerika von Bedeutung war und zur Zeit der spanischen Eroberung schon eine 3000-jährige Geschichte hatte. Das Spiel hatte eine tiefreligiöse Bedeutung: Das Hin und Her des Balles symbolisierte den Lauf von Sonne und Mond im ständigen Kampf miteinander. Der Einbruch der Nacht war eine Niederlage der Sonne, ihr Aufgang am Morgen hingegen ein Triumph über den Mond und die Finsternis. Entscheidend ist dabei, dass dieser Lauf der Ereignisse keinesfalls feststand: Jeder Sonnenuntergang, so glaubte man, könnte der letzte sein. Das Spiel

2 – Der Mond im All

war deshalb eine existenzielle, ja todernste, Angelegenheit. Keine Sorge, Sie sind nicht in einem Mexiko-Reiseführer gelandet: Ich komme nun zum Punkt. Wenn ich mir nämlich vorstelle, dass ich mit einem Weltbild aufgewachsen wäre, nach dem die Sonne ständig Gefahr liefe, eine himmlische Niederlage zu erleiden und die Welt für immer ins Dunkel zu stürzen – wie würde ich dann wohl auf eine Sonnenfinsternis reagieren? Keine Frage: Ich würde – gelinde gesagt – total am Rad drehen!

Nach diesem Abstecher in die Kulturgeschichte wird es nun wieder astronomisch. Gehen wir zunächst dem Unterschied zwischen Sonnen- und Mondfinsternissen auf den Grund. Wir wissen: Wenn der Mond zu Neumond oder Vollmond im aufsteigenden oder absteigenden Knoten seiner Umlaufbahn steht, kann er, von der Erde aus gesehen, die Sonne verdecken oder selbst durch die Erde abgeschattet werden. Den wichtigsten Unterschied macht, dass die Erde einen fast viermal größeren Durchmesser hat als der Mond. Deshalb wirft die Erde auch einen viel größeren Schatten durchs All und bei einer Mondfinsternis läuft der Mond ein paar Stunden lang durch diesen großen Erdschatten. In dieser Zeit kann fast die halbe Erde den abgeschatteten Vollmond bewundern. Bei einer Sonnenfinsternis hingegen jagt der winzige Mondschatten blitzschnell über die Erdoberfläche. Nur an wenigen Orten, die auf einem schmalen Streifen auf der Erdoberfläche liegen, sieht man für ein paar Minuten, wie die Sonne ganz hinter dem Mond verschwindet.

Beginnen wir unsere genauere Betrachtung dieser Himmelsereignisse mit dem „kleinen Bruder", der Mondfinsternis. Sie tritt für uns deutlich häufiger auf und ist dabei praktisch idiotensicher zu beobachten. Mondfinsternisse treten in zwei sehr verschiedenen Varianten auf: als Halbschatten- und Kernschattenfinsternisse. Die Grundlage dafür ist das Phänomen des Schattenwurfs, bei dem direkt hinter dem beleuchteten Objekt (in unserem Fall die Erde) der sogenannte Kernschattenbereich und in den Nebenbereichen der Halbschatten auftritt. Der Kernschattenbereich wird nicht beleuchtet, während im Halbschattenbereich noch eine „Restbeleuchtung" stattfindet. Umgangssprachlich ist der Halbschatten daher nicht so schwarz wie der Kernschatten. Die unauffälligere von beiden Finsternisarten ist die

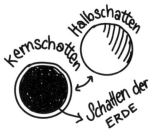

Total Eclipse auf der Ekliptik

Halbschattenfinsternis. Dabei tritt der Mond nicht in den dunklen Kernschatten der Erde ein, sondern bleibt in ihrem Halbschattenbereich. Halbschattenfinsternisse sind deshalb mit bloßem Auge schwierig zu erkennen. Manchmal bemerkt man sie gar nicht und selbst im besten Fall sieht man nur einen schwachen Schatten über einer Seite des Vollmonds liegen. Unverwechselbar sind hingegen die Kernschattenfinsternisse. Dabei läuft der Vollmond durch den tiefschwarzen Kernschatten der Erde, der sich mit einer deutlichen Schattengrenze auf der Mondoberfläche abzeichnet. Wo der Erdschatten die Mondvorderseite bedeckt, gelangt kein direktes Sonnenlicht hin. Wenn der Mond schließlich komplett im Kernschatten der Erde steht, spricht man von einer totalen Kernschattenfinsternis. Und die ist vor allem eins: finster. Anstatt des prächtigen Vollmonds steht nur noch ein schwaches, rötliches Scheibchen am Himmel, kaum heller als der Schein eines Feuers am Horizont. Viele, die während der Totalität zum ersten Mal eine solche Mondfinsternis sehen, sind erst überrascht („Der Mond ist ja total dunkel!"), dann einsichtig („Heißt ja auch Finsternis, nicht wahr?") und schließlich ein bisschen enttäuscht („Habe ich mir irgendwie spektakulärer vorgestellt."). Da kann selbst der altertümliche und von den Medien gern überstrapazierte Begriff „Blutmond" nichts mehr retten. Für mich persönlich spielt sich das Faszinierende an einer Mondfinsternis ohnehin vor und nach der Totalität ab; wenn der Erdschatten im Laufe von einer bis zwei Stunden langsam über die Mondoberfläche wandert. Die Schattengrenze ist dabei keine gerade Linie auf dem Mond und führt auch nicht von seinem Nord- zum Südpol wie bei den Mondphasen. Stattdessen zeigt uns die Schattengrenze ein direktes Abbild der Erde. Dieser Anblick ist so eindrucksvoll, dass er sogar schon die alten Griechen zu der Einsicht inspirierte, die Erde müsse die Form einer Kugel haben. Besonders der Augenblick, in dem der Mond den Kernschatten verlässt, ist atemberaubend. An einer Seite der schwachroten Mondscheibe erstrahlt plötzlich ein weißes Leuchten, wie der funkelnde Stein eines Brillantrings.

Eine Frage bleibt allerdings noch zu klären: Warum der rötliche Schimmer? Müsste der Mond nicht einfach „verschwinden", wenn er kein Sonnenlicht abbekommt? Eine sehr gute Frage. Für ihre Antwort bleiben wir

2 – Der Mond im All

> Vielleicht haben Sie genau wie ich die Mondfinsternis am 27. Juli 2018 gesehen, als der Mond während der Totalität aufging und bis Mitternacht wieder aus dem Kernschatten lief. Viele Beobachter in Europa waren verzaubert, denn es herrschte ein Rekordsommer und überwiegend gute Sicht. Gleichzeitig stand der Mars der Erde außergewöhnlich nahe, Jupiter und Saturn waren zu sehen und es flog gleich zweimal die Internationale Raumstation durch die Szenerie. Seinerzeit war häufig die Rede davon, dass es über 100 Jahre bis zur nächsten ähnlich langen Mondfinsternis über Europa dauern würde. Wer es jedoch eilig hat, kann schon am frühen Morgen des 16. Mai 2022 einen Blick darauf erhaschen, wie sich der Mond zwischen 04:30 Uhr und 05:30 Uhr in den Erdschatten schiebt. Allerdings geht er dabei schon unter und nur Beobachter im Südwesten Deutschlands und der Schweiz können das Spektakel bis zur Totalität verfolgen. Die nächste große Chance auf eine zauberhafte Mondfinsternis über Mitteleuropa besteht in der Nacht vom 20. zum 21. Dezember 2029. In einer der längsten Nächte des Jahres wird das ganze Schauspiel am Himmel zu verfolgen sein. In den Stunden um Mitternacht wird der Mond in den Erdschatten, durch die Totalität und wieder hinaus laufen. Dabei steht er hoch am Himmel, direkt über meinem Lieblings-Sternbild Orion. Ich bin schon ganz aufgeregt!

auf der Erde, genauer gesagt zu Sonnenauf- und untergängen. In diesen Momenten muss das Sonnenlicht einen besonders langen Weg durch die Erdatmosphäre nehmen, ehe es bei uns als Beobachter ankommt. Weil die Luft in der Atmosphäre die blauen Anteile des weißen Sonnenlichts in alle Richtungen streut, bleibt nach dem langen Weg nur noch der rötliche Anteil übrig. Deshalb sehen Sonnenauf- und untergänge rot aus. Dasselbe passiert bei einer Mondfinsternis. Während sich der Mond im Kernschatten der Erde befindet, bekommt er nämlich noch ein kleines bisschen Sonnenlicht ab, das durch Lichtbrechung in der Erdatmosphäre um die Erde „herumgebogen" wurde. Dabei passiert dem Licht aber das gleiche wie bei einem Sonnenauf- oder -untergang. Es läuft so einen langen Weg durch die Luft, dass es seinen blauen Anteil einbüßt und dadurch rot wird. Aber weinen Sie nicht der nun entzauberten totalen

Total Eclipse auf der Ekliptik

Kernschattenfinsternis hinterher. In unserer Vorstellung können wir sie noch immer zu einem poetischen Feuerwerk machen, nämlich indem wir uns als Beobachter auf die Mondvorderseite versetzen. Wir würden dann rund um die Erde ein schwaches, rotes Leuchten sehen – die ganze Welt, zugleich in einen Sonnenuntergang und einen Sonnenaufgang getaucht!

Nun bleibt uns noch die zweite Art von Finsternissen zu besprechen, die Sonnenfinsternis. Vielleicht ist Ihnen aufgefallen, dass das aktuelle Kapitel nach dem 80er-Popsong „Total Eclipse of the Heart" von Bonnie Tyler benannt ist. Der Liedtitel bedeutet in etwa „Totale Herzfinsternis" und passt damit hervorragend zum Thema. Das wusste die walisische Künstlerin übrigens sogar selbst zu nutzen: Im August 2017 führte Bonnie Tyler genau diesen Song während einer Sonnenfinsternis auf und zwar auf einem Kreuzfahrtschiff mitten in der Karibik. Sonnenfinsternisse scheinen enorm selten zu sein – dabei treten sie astronomisch gesehen sogar häufiger auf als Mondfinsternisse. Der Unterschied ist: Von einer Sonnenfinsternis hat nur ein kleiner Teil der Erde etwas. Die Finsternisse der kommenden Jahre sieht man beispielsweise im Jahr 2019 im Südpazifik und dem Indischen Ozean, 2020 im südlichen Asien und Südamerika, 2021 am Nordpol und in der Antarktis und so weiter. Und selbst dort, wo die Sonnenfinsternis auftritt, gibt es stets nur einen schmalen Streifen in der Landschaft, von dem aus der Mond genau vor die Sonne wandert und sie verdeckt. Dass der Mond dabei so genau „auf die Sonne passt", ist übrigens nichts als ein kosmischer Zufall. Der Durchmesser der Sonne ist etwa 400-mal größer als der des Mondes, doch er ist auch etwa 400-mal näher an der Erde. Dahinter steckt kein Naturgesetz und kein besonderer Grund: Wir haben einfach Glück! Doch wie wir schon gelernt haben, ändert sich die Entfernung zwischen Erde und Mond auch ständig. Weil die Lage der Mondbahn unabhängig vom Ablauf der Lunationen ist kann der Mond bei einer Sonnenfinsternis mal besonders nah und mal besonders fern von der Erde stehen. So kann es kommen, dass der Mond zwar zentral genau vor der Sonne steht, aber zu weit weg ist, um sie vollständig zu verdecken. In diesem Fall ist von der Erde aus noch ein schmaler Ring der Sonne um den Mond herum zu sehen und man spricht von einer

2 – Der Mond im All

ringförmigen Sonnenfinsternis. Weil dabei der Kernschatten des Mondes nicht bis zur Erdoberfläche reicht, bringen ringförmige Sonnenfinsternisse grundsätzlich keine so tiefe Dunkelheit wie totale. Die unbestrittene Königin der Himmelsereignisse ist natürlich die totale Sonnenfinsternis. Bei diesem Spektakel bildet der Kernschatten des Mondes auf der Erde meist eine langgezogene Ellipse mit Ausmaßen von wenigen Hundert Kilometern – das entspricht etwa der Fläche eines kleineren europäischen Landes wie Slowenien, Estland oder Belgien. Dieser kleine Schatten rast dann mit rund einem Kilometer pro Sekunde über die Erdoberfläche, sodass an keinem Ort jemals mehr als sechs bis sieben Minuten kompletter Finsternis zu erleben sind. Kein Wunder also, dass man aus der Sicht eines Beobachters in Deutschland meinen könnte, totale Sonnenfinsternisse kämen nur einmal im Leben vor. Die letzten zentralen Sonnenfinsternisse über Deutschland gab es in den Jahren 1887, 1912 und eben 1999. Die nächsten werden erst 2081 und 2093 erwartet. Das heißt aber noch lange nicht, dass Astronomiefreunde im deutschen Sprachraum nun einfach Pech gehabt hätten – ich für meinen Teil habe jedenfalls nicht die Absicht, bis nach meinem 94. Geburtstag zu warten. So wird es beispielsweise ab Sommer 2026 in nur 1,5 Jahren gleich drei Gelegenheiten geben, von Spanien und Portugal aus eine Sonnenfinsternis zu sehen. Im Jahr 2030 sind Griechenland und die Türkei dran und 2039 die skandinavischen Länder. Genug Gelegenheiten also für eine astronomische Erlebnisreise auf dem Landweg!

Und dann gibt es noch partielle Sonnenfinsternisse, die viel häufiger auftreten, aber meist weniger Beachtung finden. Bei diesen Ereignissen wird die Sonne nur zum Teil vom Mond bedeckt. Sie sind aber leicht zu verpassen, denn so unglaublich es klingt: Selbst wenn die Sonne am Himmel zu mehr als 80 Prozent vom Mond bedeckt ist, bemerken wir Menschen das im Alltag nicht. Erst ab einer Bedeckung von 90–95 Prozent wird jedem klar, dass am Himmel etwas im Busch ist.

Zentrale Sonnenfinsternisse sind in der Umgebung des zentralen Schattens übrigens immer von einer partiellen Sonnenfinsternis begleitet: Einige Tausend Kilometer vom Kernschatten entfernt ist die Sonne

Total Eclipse auf der Ekliptik

oft noch teilweise bedeckt. Die Faustregel lautet daher: Findet irgendwo auf der Erde eine zentrale Sonnenfinsternis statt, hat fast der ganze angrenzende Kontinent immerhin noch eine partielle Sonnenfinsternis davon. In der Nähe der Pole gibt es zudem auch „eigenständige" partielle Sonnenfinsternisse. Bei ihnen verpasst der Kernschatten zwar die Erde, aber die begleitende partielle Bedeckung streift sie dennoch. In Mitteleuropa sind wir noch nahe genug am Nordpol, um auch solche Finsternisse zu Gesicht zu bekommen. Und: Auch eine partielle Sonnenfinsternis kann begeistern! Ich erinnere mich z. B. liebend gern an den 20. März 2015, als ich gerade in der Pressestelle des Karlsruher Instituts für Technologie gearbeitet habe. An jenem Tag war die Sonne zur Mittagszeit zu gut zwei Dritteln bedeckt. Nicht nur in unserem Büro voller Naturwissenschaftler, sondern auch im Hof der Universität sprangen alle wie die Spielkinder mit Lochkameras, Teleskopen, Finsternisbrillen und Smartphones herum und hatten Spaß bei der Beobachtung.

Apropos Hilfsmittel! Bei aller Begeisterung muss es eine eiserne Regel geben, die nicht oft genug wiederholt werden kann: **Unter keinen Umständen ohne einen geeigneten Schutz in die Sonne blicken!** Finger weg von Sonnenbrillen, verdunkeltem Glas oder irgendwelchen Folien – sie bieten keinen angemessenen Schutz. Auch um Ferngläser und Teleskope sollte man als Amateur einen Bogen machen, sofern sie nicht von einer erfahrenen Astronomin bedient werden, die genau weiß, was sie tut. Für uns „Normale" gibt es eigens zur Sonnenbeobachtung gemachte Schutzbrillen beim Optiker oder in Schubladen bei Leuten, die schon einmal eine Sonnenfinsternis beobachtet haben. Eine weitere sichere Möglichkeit sind Lochkameras, mit denen man auf ungefährliche eine Projektion der Sonne schaut. Wertvolle Hinweise und Bastelanleitungen dafür gibt es z. B. auf den Internetseiten des Hauses der Astronomie in München. Auch Planetarien, Sternwarten und Universitäten geben gern Auskunft oder bieten sogar Beobachtungen an. Probieren Sie es doch selbst, wenn sich das nächste Mal der Mond vor die Sonne mogelt: Über Deutschland ist es schon im Juni 2021 und im Oktober 2022 wieder soweit und danach ungefähr alle zwei Jahre. Viel Spaß!

FINSTERNISSE — SONNE / MOND

Wenn ☀ 🌑 🌍 EINE *Linie* BILDEN

Die Sonne hat auch *Schwerkraft* → STÖRT AUCH DAS ERDE-MOND System!

? **Warum sind Sonnenfinsternisse seltener** → MOND HAT KLEINEREN Schatten → Schatten nicht überall zu sehen

Mondfinsternis
z.B. 27. Juli 2018

SONNE — ERDE — Kernschatten — Halbschatten — Blutmond

Total Eclipse of the Moon ♪♪

ROTE FARBE KOMMT ALS EINZIGE DURCH

Niemals ungeschützt in die Sonne schauen

Der Mond als Ding

3 – Der Mond als Ding

Im Sommer 2014 war ich mit Freunden auf einer Städtereise in Wien – einer meiner liebsten Städte in Europa – und wir besuchten das Internationale Zentrum Wien, einen gigantischen Bürokomplex mit dem Spitznamen „UNO-City". Und da mich seit meinem Physikstudium die Themen Atomenergie und Kernwaffen interessieren, waren Besuche bei den Kontrollorganisationen IAEO und CTBTO in Wien Pflichtstationen für mich. Doch wie es der Zufall so wollte, schlug dort vor allem mein Herz als Astrophysiker und Raumfahrt-Fan höher: Am Rande eines Foyers, versteckt zwischen dem Friedensnobelpreis von 2005 und einer Büste von Juri Gagarin, stand etwas, das mir die Schuhe auszog: ein Stück des Mondes! Mitten in Wien stand ich vor der Gesteinsprobe Nr. 15459, einer Leihgabe der US-Regierung an die Vereinten Nationen. Ein 160 Gramm schweres Stück einer anderen Welt – ich war verzaubert. Als ich im folgenden Jahr meine Freundin bei einem Forschungsaufenthalt in den USA besuchte, sind wir mit dem Fahrrad durch Minneapolis gekurvt, haben den Kulturschock genossen und waren zusammen im Wissenschaftsmuseum von Minnesota. Dort waren auch Exponate aus der Raumfahrt zu sehen und wieder wurde ich gewissermaßen vom Mond erschlagen: In einer unscheinbaren Vitrine lag ein Paar Handschuhe. Ich musste die Beschreibung dreimal lesen, ehe ich es wahrhaben konnte: Genau dieses Paar Handschuhe hatte Neil Armstrong auf dem Mond getragen. Trotz aller Bücher, Interviews und Filme haben mich diese beiden Objekte vor meinen eigenen Augen erst richtig begreifen lassen: Der Mond ist ein echtes Ding, draußen im All, und Menschen waren dort. Irre! Und wir können jetzt auf ihren Spuren wandeln und dem Mond – diesem kuriosen Ding – näherkommen. Da wir per Buch-Raumschiff unterwegs sind, können wir die anstrengenden Aspekte der Reise einfach überspringen und zur Krönung sogar einen Mondspaziergang machen.

Besuch bei unserem Begleiter
Während wir uns langsam dem Mond nähern, gibt es auf den ersten, zweiten und auch auf den dritten Blick nur einen Hingucker: Krater. Wir sehen Krater über Krater, Krater in anderen Kratern, Krater auf dem Rand von

Besuch bei unserem Begleiter

Kratern, Krater auf Bergen und Berge in Kratern. Unter den Mitreisenden geht bald der Running Gag um: „Siehst Du den Krater dort?" – „Ich seh' den Mond vor lauter Kratern nicht!" Sogar manche der Maria, die wir von der Erde aus nur als dunkle Flecken kannten, zeigen plötzlich ausgefranste, kreisförmige Umrisse. Je weiter wir uns nähern, desto besser sehen wir nun auch die Unterschiede: Es gibt die hellen Hochländer – teils hügelig, stark zerklüftet und offenbar über und über von Kratern bedeckt. Diese Hochländer dominieren vor allem im Süden der Mondvorderseite. Die Maria hingegen sind dunkel, wirken sehr flach und im Vergleich kaum verkratert. Auch scheinen sie tiefer zu liegen und eher glatt und zusammenhängend zu sein.

Nun nehmen wir die größeren Krater noch einmal unter die Lupe und sehen, dass oft ein kleiner Berg genau in ihrer Mitte steht. Besonders Tycho, der große, helle Krater im Süden der Mondvorderseite, zieht uns mit diesem Anblick in seinen Bann. Tycho hat einen Durchmesser von 86 Kilometern. Seine Wände fallen in terrassenartigen Stufen um fast fünf Kilometer zum glatten Kraterboden ab, der einen Durchmesser von rund 50 Kilometern, hat; glatt, mit Ausnahme des zentralen Bergs. Dieser Zentralberg erhebt sich auf einer Grundfläche von nur etwa 75 Quadratkilometern ganze zwei Kilometer in die Höhe. Mitten auf dem Gipfelplateau liegt ein einsamer Felsbrocken. Um die Größenverhältnisse besser einordnen zu können, bietet unser fiktives Raumschiff den passenden Knopf auf der Steuerkonsole: „Für Größenvergleich mit Deutschland: Scheibe einschlagen", steht auf einem Glasplättchen über dem roten Knopf. Trotz Warnung im Handbuch vor leichtfertigem Gebrauch siegt die Neugier – zack, ist das Glas zerbrochen und der Größenvergleich angefordert. „Das Ausmaß des Kraters Tycho entspricht der vierfachen Fläche des Saarlands", referiert eine Stimme aus dem Computer. „Auf dem Kraterboden hätte die Stadt Berlin samt Autobahnring Platz. Der Zentralberg hat etwa die Grundfläche des Stadtgebiets von Bremen und ist so hoch wie die Chiemgauer Alpen." Wir staunen nicht schlecht, wie gründlich die Ausführungen sind. Da schiebt der Computer nach: „Ach ja: Der isolierte Felsbrocken auf dem Gipfelplateau ist so groß wie der Berliner Reichstag."

3 – Der Mond als Ding

Nach so vielen Krater-Fakten haben wir uns eine Stärkung verdient und schweben in die Kantine. Dort erzählt uns eine Mitreisende begeistert, was sie Mysteriöses in den flachen Maria entdeckt hat: lange, gewundene Rillen, die aussehen wie Flussläufe. Wir nehmen uns vor, der Sache auf den Grund zu gehen und schweben in die Koje. Morgen steht etwas an, worauf wir uns schon lange freuen: die Rückseite des Mondes! Nach einer geruhsamen Nacht schweben wir eilig zum Beobachtungsdeck. Doch schon beim ersten Blick auf den Mond erschrecken wir und glauben, jemand hätte sich einen Scherz erlaubt. Was wir sehen, erinnert kaum an den Mond des vorherigen Tages: eine helle Kraterlandschaft, ja, aber keinerlei dunkle Maria! „Sehr witzig! Das sind ein bisschen viele Krater, nicht wahr?", rufen einige Mitreisende. „Ein bisschen viele?!", fragen wir aufgebracht, „Ich seh' den Mond vor lauter Kratern nicht!" Nach unserem unfreiwilligen Scherz besprechen wir in Ruhe die Beobachtungen. Auf den zweiten Blick sind doch noch zwei Maria aufgetaucht: Im oberen linken Viertel der Mondrückseite liegt ein einsamer dunkler Fleck, kaum halb so groß wie das Mare Crisium. Unser Atlas nennt ihn das Mare Moscoviense, benannt nach der Stadt Moskau. Doch besonders der zweite Kandidat ist bei genauerem Hinsehen ein echter Blickfang. Das Mare Orientale liegt auf der Mondrückseite ganz rechts, an der Grenze zur Vorderseite. Die dunkle Maria-Fläche ist ebenfalls ziemlich klein, aber sie ist von mehreren konzentrischen Gebirgsringen umgeben. Darüber hinaus gibt es praktisch keine größeren Landschaftsmerkmale. Egal, ob wir sie von nah oder fern betrachten: Die Rückseite unseres kosmischen Begleiters ist eine wahre Mondlandschaft.

Immerhin sehen einige Krater ganz spannend aus. Wenn das Licht richtig steht, zeigen sie gigantische Strahlensysteme mit hellen Linien, die sich weit über die Mondoberfläche ziehen. Besonders der Krater Jackson scheint mit fast 1000 Kilometer langen Strahlen dem ebenso spektakulären Tycho auf der Vorderseite Konkurrenz machen zu wollen. Außerdem entdecken wir im Süden der Mondrückseite noch ein paar Krater, deren Boden von einer kleinen Mare-Fläche bedeckt ist. In diesen Kratern ragt sogar ein kecker, heller Zentralberg aus dem Mini-Mare. Der schönste

Besuch bei unserem Begleiter

Vertreter dieser Art heißt Tsiolkovskiy, nach dem berühmten russischen Raumfahrt-Pionier. Eine Mitreisende zeigt uns eine Kuriosität der Rückseite, die man mit bloßem Auge nicht erkennt. Ihre Instrumente haben eine gigantische, fast kreisrunde Tiefebene entdeckt, die sich über die halbe Mondrückseite bis zum Südpol erstreckt. Mit einem Durchmesser von rund 2500 Kilometern ist sie etwa so groß wie der Oceanus Procellarum auf der Vorderseite. Unser Atlas nennt diese Tiefebene das Südpol-Aitken-Becken. Es ist so gigantisch und von großen Kratern übersät, dass es keine klare Grenze hat, und seine zentrale Fläche liegt zwischen fünf und zehn Kilometern niedriger als die umgebenden Hochländer. Und wir erfahren, dass in diesem Becken – im 130 Kilometer großen Krater Antoniadi – auch der niedrigste Punkt des Mondes liegt. An dessen Kraterboden gibt es einen Krater-im-Krater mit 12,5 Kilometern Durchmesser, der nochmals drei Kilometer tief reicht. Fasziniert von diesem Anblick schlägt einer unserer Mitreisenden erneut auf den Größenvergleich-mit-Deutschland-Knopf. Die vertraute Computerstimme erklingt: „Der Krater-im-Krater von Antoniadi ist wie die Zugspitze – nur umgekehrt! Auf einer ähnlichen Grundfläche wie der höchste Berg Deutschlands geht es drei Kilometer in die Tiefe."

„Obwohl es auf dem Mond keinen Meeresspiegel gibt", fährt die Computerstimme fort, „wird die durchschnittliche Höhe als Normalnull angegeben. Der tiefste Punkt der Mondoberfläche liegt neun Kilometer darunter. Erlauben Sie mir, auch noch den höchsten Punkt der Mondoberfläche heranzuziehen!" Schmunzelnd über die Auskunftsfreudigkeit des Computers lauschen wir weiter den Ausführungen: „Der höchste Punkt des Mondes liegt ebenfalls auf der Rückseite, nur etwa 800 Kilometer nördlich des Südpol-Aitken-Beckens. Er ragt fast elf Kilometer über Normalnull hinaus! Das bedeutet ..." – nun überschlägt sich der Computer fast vor Aufregung – „... das bedeutet, dass 20 Kilometer Höhenunterschied zwischen dem höchsten und niedrigsten Punkt auf dem Mond liegen. Genau wie auf der Erde! Dort liegen zwischen dem Marianengraben im Pazifik und dem Mount Everest ebenfalls 20 Kilometer. Dabei hat der Mond einen viermal kleineren Durchmesser und eine 14-mal kleinere Oberfläche als die Erde – Wahnsinn, oder?!"

3 – Der Mond als Ding

Nach diesem Fakten-Bombardement lassen wir den Abend bei einem Getränk in der Kantine ausklingen und warnen alle Mitreisenden noch einmal ausdrücklich vor dem Größenvergleich-mit-Deutschland-Knopf. Vor allem aber freuen wir uns auf den nächsten Tag, denn es steht endlich der Mondspaziergang an. Nachdem wir am nächsten Morgen von der vertrauten Mondvorderseite begrüßt wurden, finden wir eine interessante Landestelle im Mare Nubium, dem Meer der Wolken, südöstlich des Oceanus Procellarum. Dort gibt es eine typisch glatte Maria-Fläche, aber auch Krater mit Zentralberg. Als Bonus laufen sogar Strahlen des Kraters Tycho durch diese Gegend. Je weiter wir jedoch zur Oberfläche hinabsinken, umso mehr gehen diese immer mehr in der weitläufigen Landschaft unter.

Los geht der Spaziergang! Schon bei unseren ersten Schritten haben wir das Gefühl, wir hätten das Laufen verlernt und holpern und stolpern über den Mond. Der Grund – das erkennen wir schnell – ist die geringere Schwerkraft. Die macht nicht nur unseren Raumanzug und unser Gepäck leichter, sondern auch uns selbst. Mit ein bisschen Übung gewöhnen wir uns ein rhythmisches, seitlich wiegendes Hüpfen an, mit dem wir gut vorankommen. Beim Thema Gewicht fällt uns etwas ein: Wir huschen kurz zurück ins Raumschiff, wo wir in unserem Gepäck ein besonderes Messinstrument versteckt haben: eine ganz normale Personenwaage von der Erde. Wir legen sie auf den Boden und steigen drauf. Sie zögert kurz und zeigt dann nicht mal 20 Kilogramm an! Und das mit Gepäck! Das liegt natürlich nicht daran, dass wir abgenommen hätten, sondern an der geringeren Schwerkraftwirkung des Mondes. Durch sie bringen wir nur ein Sechstel so viel auf die Waage wie auf der Erde.

Während wir vom Raumschiff zurück in die Mondlandschaft wandern, bemerken wir den staubigen Untergrund. Er ist von so feinem Puder bedeckt, wie wir es auf der Erde noch nie gesehen haben. Die Staubschicht ist mehrere Zentimeter tief, sodass wir kaum einen Schritt tun können, ohne eine kleine Wolke aufzuwirbeln. Unter dem Staub finden wir zusammengepacktes Geröll, das auch trockene Erde sein könnte – wäre der Begriff „Erde" nicht völlig fehl am Platz. Laut Mondatlas heißt es Regolith, aus dem Altgriechischen für „Decke aus Stein". Erst einige Meter

Besuch bei unserem Begleiter

tief unter diesem brockigen Regolith liegt fester Fels. Während wir uns zu daran machen, einen Hügel zu erklimmen, schauen wir uns nach unseren Mitreisenden um: Manche von ihnen lernen erst noch das Laufen, doch andere haben sich schon einen Sport ausgedacht, springen aus dem Stand über ihre Gefährten und würden auf der Erde jeden olympischen Rekord in Hoch- und Weitsprung brechen. Und während wir so vor uns hin hüpfen, fällt uns die Stille auf. Grund dafür ist, dass es keine Luft und somit auch keinen Schall auf dem Mond gibt. Der Raumanzug schützt uns aber glücklicherweise vor dem Ersticken. Auch sonst schützt er unseren Körper: Er hält die UV-Strahlen der Sonne ab, die auf dem Mond mangels Atmosphäre sehr intensiv sind. Ohne Raumanzug wäre uns der Sonnenbrand unseres Lebens sicher! Und Mikroorganismen auf der Mondoberfläche hätten erst recht kaum eine Überlebenschance. Doch es kommt noch unangenehmer: Ohne Magnetfeld und ohne Atmosphäre hat der Mond auch keinerlei Schutz vor elektrisch geladenen Teilchen aus dem All. Diese stammen aus der Sonne und den Tiefen des Weltalls und prasseln ungehindert auf die Mondoberfläche ein. Bei Mondspaziergängern können sie sogar den Raumanzug durchdringen und das Erbgut schädigen, was ein hohes Krebsrisiko mit sich bringt. Da wir nur zu einer kurzen Stippvisite auf dem Mond sind, müssen wir uns darum jedoch kaum Sorgen machen; für einen dauerhaften Aufenthalt bräuchte es allerdings geeignete Maßnahmen, diese Strahlung von uns fernzuhalten, die wir in Kapitel 5 Seite 113 kennenlernen werden.

Nun haben wir unseren Hügel erklommen und der Mond zeigt uns seine beeindruckende Landschaft. Dass die harsche Einöde eine ganz eigene Schönheit hat, haben auch die Apollo-Astronauten immer wieder betont. Unsere gute Aussicht offenbart jedoch auch ein Kuriosum, das wir bisher kaum beachtet haben: Der Mond ist klein! Bei genauerem Hinsehen stellen wir fest, dass uns die Landschaft „zu kurz" erscheint. Wir zücken unseren Mondatlas: Während wir auf der Erde in der Ebene durchschnittlich zwischen vier bis fünf Kilometer weit bis zum Horizont sehen können, ist es auf dem Mond nur halb so weit!

Beim Hinabsteigen bemerken wir einen weiteren optischen Effekt: Ohne Atmosphäre wirkt alles, was wir sehen, gleich nah. Die Luft, die auf

3 – Der Mond als Ding

der Erde weiter entfernte Landschaftsmerkmale verwaschen zeichnet, fehlt; stattdessen sehen wir bis zum Horizont alles gleich scharf. Dieser Umstand und der nahe Horizont spielen unserem Gefühl für Entfernungen einen gehörigen Streich. Auf unserer hüpfenden Wanderung fällt uns ein, dass wir ohne Atmosphäre einen traumhaften Sternenhimmel sehen müssten. Wir schauen nach oben, aber sind sofort von der Sonne geblendet. Auch die Mondoberfläche selbst reflektiert einen Teil des Sonnenlichts und so können wir nicht einen einzigen Stern erkennen! Alles was wir sehen, ist die unendliche Schwärze des Weltraums. Doch ein Anblick entschädigt uns hundertfach für den verpassten Sternenhimmel: Die Erde, blau leuchtend, in weiße Wolkenbänder gehüllt, ist neben der Sonne der einzige sichtbare Himmelskörper. Und was für einer!

Auf unserem Weg zu einem Krater ist es nun Zeit für eine kurze Verschnaufpause. Wir schwitzen etwas und fragen uns, welche Temperaturen hier wohl herrschen. Also zücken wir ein Thermometer und stellen wieder einmal fest: ganz so einfach lässt sich diese Frage nicht beantworten. Das sonst so schlaue Thermometer zeigt keine Temperatur an, sondern die anklagende Fehlermeldung: VAKUUM. Stimmt ja, hier gibt es keine Luft – und damit auch keine Lufttemperatur. Um es auszutricksen stecken wir es einige Zentimeter tief in den Mondboden. Und siehe da, wir bekommen einen Wert – fast 100 °C! Mit Hitze hätten wir hier nicht gerechnet! Dass der Boden so warm ist, muss damit zu tun haben, dass die Sonne seit Tagen auf diesen Teil des Mondes scheint. Schließlich dauert ein ganzer Mondtag so lang wie eine Lunation, also rund einen Monat. Demnach liegt der Mondboden fast zwei Wochen am Stück in der Sonne und kann sich dadurch auf bis zu 120 °C aufheizen. Dieser extreme Wert wird allerdings nur in der Nähe des Äquators erreicht. Am Rand der sichtbaren Mondvorderseite sind es zur Mond-Mittagszeit eher um die 50 °C. Während der Mondnacht kühlt es dafür extrem ab: Nach einer Woche in der Dunkelheit herrschen im Mondboden nur frostige −180 °C, in bestimmten Regionen an den Polen sogar weniger als −200 °C. Nach diesem kleinen Rundgang gesellen wir uns zu unseren Mitreisenden, die an einer Kraterwand hinabrutschen und dann um die Wette zum Zentralberg hüpfen, von wo sie metergroße Gesteinsbrocken hinabrollen lassen.

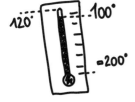

Mona Lund im Sonnensystemverwaltungsbüro

Mona Lund im Sonnensystemverwaltungsbüro

> Die Geschichte von Erde und Mond ist die Geschichte des Sonnensystems. Es entstand vor rund 4,5 Milliarden Jahren – einer unvorstellbar langen Zeit. Um uns darüber zu unterhalten, brauchen wir einen Vergleich, mit dem wir mehr anfangen können. Deshalb begleiten uns von nun an die Arbeitsnotizen der Mona Lund durch dieses Kapitel. Sie ist eine fiktive, aber sehr engagierte Angestellte der gerade neugegründeten Sonnensystemverwaltung. Ihr erster Arbeitstag beginnt am Montagmorgen um 8 Uhr mit der Entstehung des Sonnensystems. Das Ende ihrer Arbeitswoche, am Freitag um 14 Uhr, ist unsere Gegenwart. Somit entspricht eine Stunde im Leben der Mona Lund knapp 50 Millionen Jahren in der Geschichte des Sonnensystems. Was in der Zwischenzeit geschieht – auch außerhalb der Bürozeiten – erzählt sie uns im Laufe dieses Kapitels.

Als unser Sonnensystem entstand, hatten bereits ganze Generationen von Sternen ihr Leben begonnen und wieder ausgehaucht. So auch in unserer Galaxie, der Milchstraße. Der Ort des Geschehens ist eine riesige, dünne Wolke aus viel Gas und etwas Staub, die mehr oder weniger untätig in der Milchstraße herumhängt. Der entscheidende Anstoß kommt wahrscheinlich aus der Nachbarschaft: Ein schwerer Stern vergeht nach kurzer Existenz in einer gewaltigen Explosion, deren Druckwelle unsere Wolke durchläuft und sie zusammendrückt. Dadurch entsteht eine Region, die dichter ist als ihre Umgebung – ein neuer Wolkenkern. Seine Schwerkraftwirkung zieht mehr und mehr umliegendes Gas an, wodurch seine Masse und Dichte wächst, während ihn die Energie des einfallenden Gases aufheizt. Bald beginnt der Kern zu leuchten. Das physikalische Gesetz der Drehimpulserhaltung sorgt außerdem dafür, dass aus der unförmigen Wolke eine Scheibe wird, die sich um ihren leuchtenden Kern dreht, und bewahrt sie vor dem Kollaps. In dieser Scheibe klumpen sich kleine Staubkörner zu stattlichen Felsbrocken und schließlich zu ganzen Planetenkernen mit Durchmessern von Hunderten Kilometern zusammen.

3 – Der Mond als Ding

> ARBEITSNOTIZEN DER MONA LUND – MONTAG, 08:30 UHR:
> Ein aufregender Morgen! Als ich heute pünktlich um 8 Uhr im Büro angekommen bin, begann die Wolke, aus der unser neues Sonnensystem entstehen soll, gerade, ihre Scheibenform anzunehmen. Schon kurz danach haben sich die ersten Kollegen eigene Felsbrocken ausgesucht. Jeder hofft, dass sein Stein zu einem Planeten anwächst und er am Ende sagen kann, von Anfang an dabei gewesen zu sein. Ich habe ein Auge auf ein paar kleine Brocken in der Nähe der Sonne geworfen. Ich bin gespannt, wie es weitergeht!

Wie in einer kosmischen Mischung aus Billard und Roulette jagen sich die Felsbrocken auf chaotischen Bahnen durch die turbulente Scheibe, bis ihre Zusammenstöße nur noch wenige, große Körper übrig gelassen haben. Im äußeren Teil der Scheibe ist es so kalt, dass diverse leichte Stoffe in Gasen und sogar Wassereis Bestand haben. Sie bilden im äußeren Sonnensystem den zentralen Baustein für Planeten und Monde, die zudem viel Gas einsammeln können – so entstehen hier auch die Gasplaneten Jupiter und Saturn. In der Nähe der jungen Sonne gibt es wegen der Hitze hingegen kein Eis und leichte Gase werden durch Strahlung und Teilchenwinde von der Sonne fortgeblasen. So halten sich im inneren Sonnensystem nur einige heiße Planetenkerne aus Gestein und schwereren Elementen, die am Ende die inneren Planeten bilden. Unterdessen vollzieht sich im Zentrum die wichtigste Entwicklung des jungen Sonnensystems: In der pulsierenden, heißen Gaswolke zündet und stabilisiert sich die Fusion von Wasserstoff, die von nun an für Jahrmilliarden die Energiequelle der Sonne sein wird.

Mona Lund im Sonnensystemverwaltungsbüro

> ARBEITSNOTIZEN DER MONA LUND – MONTAG, 10:15 UHR:
> Nach einigem Drama habe ich nun auch meinen eigenen Himmelskörper. Alles begann nach etwa 45 Minuten im Dienst. Ein Kollege hatte sich einen stattlichen Klumpen von über 12.000 Kilometern Durchmesser ausgesucht und ihn Gaia genannt. Er schien sicher, dass er mit so einem großen Körper keine Überraschungen mehr erleben würde. Aber dann kam Theia daher – ein zehnmal leichterer Planetenkern mit 6000 Kilometern Durchmesser – und beide Brocken kollidierten. Dabei wurde Gaia übel zugerichtet – und Theia komplett zerstört, denn Gaia hat einen großen Teil von Theia geschluckt. Ein paar Prozent von Theias Masse wurden allerdings so weit hinausgeschleudert, dass ein neuer Himmelskörper daraus entstanden ist. Ich war sofort verzaubert – das ist jetzt meiner! Ich nenne ihn ganz einfach Mond. Manche Kollegen mit anderen Monden fanden das komisch, aber immerhin gehört er zu den größten seiner Art und hat eine einmalige Entstehungsgeschichte. Der Kollege, der sich um Gaia kümmern wollte, ist reichlich mitgenommen. Zum Glück wurden wir alle versöhnt, als wir kurz nach 9 Uhr dabei zusehen konnten, wie die Fusion in der Sonne gezündet hat. Die Astrophysiker sagen, dass sie locker zehn Milliarden Jahre lang ruhig vor sich hin brennen wird.

Was Mona Lund hier beschreibt, ist die heute gängige Erklärung für die Entstehung des Mondes. Ihr wissenschaftlicher Name ist Giant Impact Hypothesis, auf Deutsch etwa „die Hypothese vom gewaltigen Einschlag". Laut ihr soll der Mond durch die Kollision zweier Planetenkerne entstanden sein. Frühere Vorstellungen vom Ursprung des Mondes waren deutlich einfacher, doch je mehr wir über unseren kosmischen Begleiter gelernt haben, desto weniger passten sie ins Bild: So dachte man zum Beispiel lange, dass Mond und Erde gemeinsam entstanden seien. Diese Vorstellung ist jedoch mit drei wichtigen Beobachtungen kaum vereinbar: Erstens sprechen die schiefe Mondbahn und die geneigte Erdachse dagegen; wären Erde und Mond wirklich Geschwister, sollten Umlaufbahn und Äquatorebene unter den beiden Himmelskörpern

3 – Der Mond als Ding

viel besser übereinstimmen. Zweitens haben Mond und Erde eine sehr unterschiedliche durchschnittliche Dichte. So wiegt ein Kubikzentimeter Mondmaterial rein rechnerisch etwa 3,3 Gramm, während es bei der Erde gut 5,5 Gramm sind. Drittens weiß man heute, dass der Mond jünger als die Erde ist. Untersuchungen von Gesteinsproben aus dem ganzen Sonnensystem – vor allem von Asteroiden – erlauben sehr genaue Altersbestimmungen anhand chemischer Eigenschaften. Analysen von Mondgestein zeigen im Vergleich eindeutig, dass unser Begleiter einige Millionen Jahre später entstand als die Erde.

Eine weitere Idee war, dass die Erde den Mond nach seiner Entstehung eingefangen haben könnte. Solch ein Szenario ist zwar physikalisch vorstellbar, aber enorm unwahrscheinlich. Zudem sind sich gewisse Bestandteile von Erde und Mond in ihren chemischen Eigenschaften zu ähnlich, als dass sie aus verschiedenen Ecken des Sonnensystems stammen könnten. Denn obwohl dem Mond einige schwere Elemente fehlen, stimmt seine chemische Zusammensetzung hervorragend mit der des Erdmantels überein. Vergleicht man Erde und Mond in dieser Hinsicht mit Früchten, so könnte man sagen: Die Erde ist eine Avocado, mit einer dünnen Kruste, einem Mantel aus Fruchtfleisch und einem schweren Kern. Der Mond ist nur so groß wie eine Kirsche, doch die besteht überraschenderweise im Inneren ebenfalls aus Avocado-Fruchtfleisch. Dafür hat sie keinen (oder nur einen winzigen) Kern. Wir sehen: Erde und Mond sind zu verschieden, um Zwillinge zu sein – aber auch zu ähnlich, als dass sie Stiefgeschwister wären.

Einen wichtigen Zwischenschritt auf dem Weg zur heutigen Erklärung machte der Astrophysiker und Mathematiker George Darwin Ende des 19. Jahrhunderts. Seine Idee war, dass sich der Mond aus der Erde gelöst haben könnte, als sich diese kurz nach ihrer Entstehung sehr schnell um sich selbst drehte. Außerdem galt es lange als einleuchtend, dass der außergewöhnlich große Pazifische Ozean die „Narbe" sein könnte, welche diese Abspaltung des Mondes auf der Erde hinterlassen hatte. Die Annahme, die Erde könne sich selbst gespalten haben, ist jedoch physikalisch schwer haltbar, da dazu eine extrem schnelle Drehung der Erde um sich selbst nötig gewesen wäre. Außerdem spricht erneut die Bewegung des Mondes, die zu sehr von der Bewegung der Erde abweicht, gegen diese Idee.

So existierten die verschiedenen Theorien lange Zeit nebeneinander, jede mit ihren Vorzügen und Nachteilen. Erst nachdem die Mondlandungen zwischen 1969 und 1972 einige Hundert Kilogramm Mondgestein zur Analyse auf die Erde gebracht hatten, kam wieder Schwung in die Diskussion. Untersuchungen der Proben zeigten nämlich, dass der Mond einst so heiß gewesen sein muss, dass fast sein gesamtes Gestein flüssig war. Damit könnte einerseits das Fehlen leichter Stoffe wie Wasser erklärt werden, das auf der Erde oft im Gestein gebunden ist. Zum anderen deuten ungewöhnliche Mineralverbindungen darauf hin, dass das Mondgestein länger flüssig war und gründlicher „durchgebacken" wurde, als wir es von der Erde kennen. Um alle Beobachtungen auf einen Nenner zu bringen, wurde 1975 schließlich die Hypothese vom gewaltigen Einschlag formuliert. Sie besagt, dass etwa 30–100 Millionen Jahre nach dem Entstehen des Sonnensystems ein Planetenkern namens Theia mit einem Zehntel der Erdmasse in einem „Streifschuss" mit der Erde kollidiert ist. Der gewaltige Aufprall zerstörte den kleineren Körper komplett und schmolz einen großen Teil des Erdmantels. Ein Teil dieses flüssigen Materials wurde so weit hinausgeworfen, dass es sich später in einer Umlaufbahn um die Erde zum Mond zusammenballte. Die Einschlaghypothese erklärte, wie sich einige Millionen Jahre nach Entstehung der Erde ein Teil des Erdmantels lösen und sich mit viel Bewegungsenergie in einer Umlaufbahn wiederfinden konnte. Die gewaltige Energie des Einschlags war zudem eine plausible Erklärung dafür, dass das Mondgestein gründlich „durchgebacken" war und seine leichten Einschlüsse verloren hatte. Außerdem lässt es sich als Konsequenz der Kollision erklären, dass die Erdachse heute so stark gegen die Mondbahn geneigt ist: Der Einschlag hat sie quasi umgeschubst. Zur damaligen Zeit war die wissenschaftliche Welt jedoch nicht bereit, diese Hypothese zu akzeptieren oder gar zu einer gültigen Theorie zu erklären. Stattdessen hatten es Vorstellungen von globalen Katastrophen und einer veränderlichen Erde noch sehr schwer, wie übrigens auch die Theorie der Plattentektonik von Alfred Wegener eindrucksvoll zeigt, die erst in den 1960ern –

3 – Der Mond als Ding

30 Jahre nach seinem Tod – anerkannt wurde. Mit ihrer Hilfe wurde auch klar, dass die Weltmeere und Kontinente ständiger Veränderungen unterworfen sind und der Pazifik nicht die „Narbe" ist. Einen wichtigen Beitrag zu diesem Umdenken lieferte der amerikanische Geologe Eugene Shoemaker. Im Jahr 1960 konnte er beweisen, dass sowohl der einen Kilometer durchmessende Barringer Crater im US-Bundesstaat Arizona (heute Meteor Crater genannt) als auch das fast 25 Kilometer umfassende Nördlinger Ries in Süddeutschland durch Einschläge aus dem All entstanden waren. Shoemaker wusste wovon er sprach, denn er hatte Explosionskrater für das Atomwaffenprogramm der USA untersucht. Seine wahre Leidenschaft galt jedoch Zeit seines Lebens dem Mond. Seine Gesundheit ließ eine Astronautenkarriere inklusive Monderforschung jedoch nicht zu. Stattdessen bildete er als weltweit erster Astrogeologe die Apollo-Astronauten in geologischer Feldarbeit aus und trug maßgeblich zum wissenschaftlichen Erfolg des amerikanischen Mondprogramms bei. Kurz nach seinem Tod im Jahr 1997 trug die NASA-Raumsonde Lunar Prospector einen Teil von Eugene Shoemakers Asche zum Mond. Er ist der erste und bisher einzige Mensch, dessen Überreste auf einem anderen Himmelskörper ruhen. Die Einschlaghypothese zur Mondentstehung setzte sich schließlich in den 1980er-Jahren weltweit durch. Da jedoch bis heute weder auf dem Mond, noch auf der Erde eindeutige Spuren von Theia gefunden wurden, wird sie bis heute lebhaft diskutiert. Unzählige Computersimulationen zeigen, dass der Mond mindestens zur Hälfte aus Theia-Material bestehen müsste. Bislang zeigt jedoch nicht einmal die chemische Zusammensetzung des Mondes Spuren eines fremden Körpers aus den Weiten des Sonnensystems. Die Lösungen dieses Rätsels sind vielseitig: War Theia vielleicht deutlich größer oder kleiner als bisher angenommen, sodass die Kollision anders ablief? Könnte Theia zufällig aus Material bestanden haben, das dem der Erde zum Verwechseln ähnlich ist? Womöglich lassen sich diese Fragen nie ganz lösen, ohne weiteres Material aus dem All zu untersuchen. Neues Mondgestein, aber vor allem auch Proben unserer Nachbarplaneten, könnten die entscheidenden Hinweise bergen.

Mona Lund im Sonnensystemverwaltungsbüro

> ARBEITSNOTIZEN DER MONA LUND – MONTAG, 15:40 UHR:
> Erster Arbeitstag fast geschafft – es war eine ganze Menge los! Nachdem ich am Morgen zu meinem Mond kam, habe ich glatt die Mittagspause vergessen, so versunken war in meine Arbeit. Der Gaia-Kollege ist übrigens auch geblieben. Nach der großen Kollision nennt er seinen Himmelskörper jetzt einfach Erde und meint, schlimmer könne es ohnehin nicht mehr kommen. Als mein Mond kurz vor 12 Uhr von einem erschreckend großen Asteroiden getroffen wurde, sagte er nur zwinkernd: „Glaub mir, bei so einem kleinen Steinchen passiert noch nichts!" Schließlich habe ich mir das Ergebnis der Kollision genauer angeschaut: Vom Südpol bis halb zum Äquator hoch erstreckt sich das mehrere Kilometer tiefe Loch, das der Einschlag gerissen hat. Im Arbeitshandbuch steht, dass man bei dieser Größe nicht mehr von einem Krater, sondern von einem Becken spricht.

Der große Einschlag, den Mona Lund zur Mittagszeit erlebt hat, fand etwa 150 Millionen Jahre nach der Entstehung des Mondes statt, also vor 4,4 Milliarden Jahren. Er hat die größte aller Spuren hinterlassen, die wir unserem Nachbarn noch heute ansehen können – das Südpol-Aitken-Becken, das zwischen dem Südpol des Mondes und einem (deutlicher jüngeren) Krater namens Aitken auf der Mondrückseite liegt und das wir schon von unserem Rundflug kennen. Dieses Becken ist für Planetenforscher besonders interessant, da hier der lange zurückliegende gewaltige Einschlag uraltes Material von weit unter der Mondkruste freigelegt haben könnte. Doch auch nach diesem Einschlag ging es auf dem Mond keinesfalls ruhig zu …

3 – Der Mond als Ding

> ARBEITSNOTIZEN DER MONA LUND – DIENSTAG, 02:00 UHR:
> Oh je, gleich nach dem ersten Arbeitstag wurde ich eben mitten in der Nacht aus dem Schlaf geklingelt ... Ein Kometen-Kollege war in den frühen Morgenstunden auf der Arbeit; nachdem der Vorbeiflug seines Kometen an der Sonne gelungen war, kam er zufällig an meinem Mond vorbei. Dort muss es in der Zwischenzeit ein paar Mal ordentlich geknallt haben, denn er hat von einigen großen Kratern und Becken erzählt, die ich noch nicht kannte. Einen Einschlag hat er offenbar selbst beobachtet und war so verängstigt, dass er mich angerufen hat. Naja, ... Bevor ich mir das morgen genauer anschaue, versuche ich erstmal, noch ein wenig Schlaf zu finden.

Mona Lund hat also eine unruhige Nacht hinter sich. Kein Wunder, denn es ging in der Zeit von etwa 4,1–3,8 Milliarden Jahren vor unserer Zeit auf dem Mond ordentlich zur Sache. Manche dieser Spuren prägen bis heute das bekannte Gesicht des Mondes, so etwa das Nectaris-Becken gleich südlich der **s**ehr **t**ollen **F**ormation oder das riesige, fast kreisrunde Imbrium-Becken im Nordwesten. Was sich aber in dieser wilden Periode genau abspielte, ist unter Planetenforschern heute sehr umstritten. Eine Version der Ereignisse besagt, dass im jungen Sonnensystem einfach lange Zeit zahlreiche Asteroiden und Kometen umherflogen und über einige Hundert Millionen Jahre mit dem Mond und anderen Himmelskörpern in einer Art konstantem Asteroiden-Regen kollidierten. Die andere Version spricht nicht von einem langanhaltenden Beschuss, sondern von einer kurzen Periode unzähliger, gewaltiger Einschläge: Innerhalb weniger Millionen Jahre soll das gesamte innere Sonnensystem heimgesucht und die Oberflächen aller Himmelskörper in der Nähe der Sonne verwüstet worden sein. Dieses Szenario ist als Late Heavy Bombardement bekannt, wörtlich „späte, schwere Bombardierung". Dabei meint „spät", dass das Sonnensystem schon über eine halbe Milliarde Jahre alt war und eigentlich schon lange Ruhe eingekehrt gewesen sein sollte. Im Deutschen spricht man dagegen nur vom Großen Bombardement. Die Idee des Großen Bombardements war ein Ergebnis der Apollo-Mondflüge und bestimmte seitdem unsere Vorstellung vom frühen Sonnensystem. Verschiedene Gesteinsproben vom Mond hatten bei genauer Untersuchung fast dasselbe Alter gezeigt: rund 3,95 Milliarden Jahre. Daraus folgerten die Forscher in den 1970er-Jahren, dass all diese Einschläge etwa zur gleichen Zeit geschehen sein mussten – eine kurze Periode, in der der Mond praktisch komplett umgepflügt wurde. Gestützt wurde diese Idee ab dem Jahr 2000 durch das sogenannte Nizza-Modell, eine Serie von Computersimulationen des frühen Sonnensystems. Sie brachten eine mögliche Antwort auf die Frage, wie es nach einer halben Jahrmilliarde der Ruhe zu einem plötzlichen Bombardement kommen konnte. Demnach soll sich eines Tages die Schwerkraftwirkung der äußeren Planeten Jupiter und Saturn aufgrund einer besonderen Konstellation gegenseitig verstärkt haben. Dies gab den Ausschlag dafür, dass zahllose Asteroiden plötzlich kreuz und quer durch das Sonnensystem geworfen wurden und auf jedem größeren Körper einschlugen, der nicht bei drei auf dem Baum war. Doch in den vergangenen Jahren hatten immer mehr Forscher Zweifel an dieser Version der Ereignisse. Die Einwände sind vielfältig: Sowohl die Methoden zur Datierung des Mondgesteins als auch das Nizza-Modell stehen in der Kritik, nicht aussagekräftig zu sein. Zudem haben moderne Kartierungen des Mondes ergeben, dass die Apollo-Astronauten womöglich zufällig nur Gesteinsproben genommen haben, die Gestein eines einzelnen Ereignisses – des Imbrium-Einschlags – enthielten. Folglich würden die Proben nur diesen einen Einschlag datieren und nicht viele verschiedene Kollisionen. Ein weiteres Indiz gegen das Große Bombardement findet sich überraschenderweise auf der Erde. Eigentlich ist deren Oberfläche viel zu veränderlich, um von der Zeit vor vier Milliarden Jahren zu zeugen. Doch manche sehr alte Fossilien weisen Spuren von komplexen Kleinstlebewesen aus jener Zeit auf, die darauf hindeuten, dass die mikroskopischen Organismen schon eine längere Zeit der Evolution hinter sich hatten. Hätte es aber das Große Bombardement wirklich gegeben, so hätten seine gewaltigen Verwüstungen die Evolution praktisch auf null zurücksetzen müssen und Spuren entwickelten Lebens aus dieser Zeit dürften nicht existieren. Deshalb bevorzugen viele Forscher heutzutage die Idee

einer langen Periode gelegentlicher Einschläge, die mit der Zeit schwächer wurden. Das letzte Wort ist jedoch noch nicht gesprochen und die Wahrheit hinter der turbulenten „Nacht von Montag auf Dienstag" will erst noch gefunden werden.

Mona Lund und das Meer

> ARBEITSNOTIZEN DER MONA LUND – DIENSTAG, 11:00 UHR:
> Ich erkenne meinen Mond von gestern kaum wieder. Sie werden ja so schnell erwachsen … Nach dem nächtlichen Telefonat war ich auf einige neue Einschlagbecken eingestellt. Aber was mich heute Morgen erwartete, hat mich noch mehr erstaunt: Mein Mond hat Flecken bekommen! Sie sind dunkel und liegen wie gewaltige Pfützen in Becken oder größeren Kratern. Sie sind nun das allererste, was beim Anblick des Mondes ins Auge fällt. Ich finde das super – jetzt hat er Charakter! Entstanden sind diese Flecken offenbar, indem einige Becken und Krater mit flüssigem Gestein vollgelaufen sind, das sich unter der Oberfläche versteckt hatte.
> Übrigens: Es gibt ulkige Neuigkeiten vom Kollegen mit der Erde. Eigentlich wollte er ja nur noch eine ruhige Kugel schieben, aber jetzt geht ein Gerücht um, es gäbe Leben auf der Erde. Mikroskopisches zwar – aber Leben! Der Kollege lässt sich nichts anmerken – aber die ältere Dame vom Mars schielt die ganze Zeit neugierig herüber und durchsucht ihre Ozeane.

Vor 3,5 Milliarden Jahren, also zum Arbeitsbeginn am Dienstagmorgen, war die Entstehung der Maria bereits in vollem Gange. Dort, wo Einschläge die Mondkruste aufgerissen hatten, strömten Hunderte Kubikmeter Magma pro Sekunde an die Oberfläche und füllten neue und alte Becken und Krater. Aus der Nähe sieht man den Maria deutlich ihre flüssige Vergangenheit an: Krater und Becken haben eine Art „Wasserstand" und sind an manchen Stellen in angrenzende Krater übergelaufen. Auf diese Weise ist übrigens auch eine der aus meiner Sicht schönsten Stellen auf dem Mond entstanden: Sinus Iridium, die Bucht der Regenbogen am nordwestlichen Rand des Mare Imbrium. Diese große Ausbuchtung ist ein Krater, der im Südosten zum Mare offen ist. Im Nordwesten hielt der mehrere Kilometer höhere Kraterrand die Lava zurück. Und es gibt weitere Spuren: Dazu zählen die sogenannten Dorsa (aus dem Lateinischen für „Rücken"); langgezogene Erhebungen, die sich über die Maria-Flächen winden. Sie tragen im Englischen den wundervoll anschaulichen Namen wrinkle ridges, auf Deutsch etwa „Faltenzüge" oder „Knautschkämme", und entstanden, als sich die flüssige Lava beim Erkalten zusammenzog und absenkte – wie die sich bildende Haut auf einem erkaltenden Pudding. Zusätzlich zeigen sich dort auch direkte Spuren von fließender Lava. Dazu gehören die gewundenen Rillen (englisch „sinuous rilles"), die für das menschliche Auge verdächtig nach Flussläufen aussehen, auch wenn sie einst Lava statt Wasser führten.

Eine besondere Variante davon sind Lavaröhren: Tunnel, die von flüssiger Lava in das umgebende Gestein gegraben wurden. An manchen Stellen sind solche Lavaröhren eingestürzt. Dort prangen dann steile Löcher, von der Fläche eines Wohnzimmers bis hin zu mehreren Sportplätzen groß und mehr als 100 Meter tief, die auf Satellitenbildern durch ihren charakteristischen Schattenwurf auffallen. Für Geologen wären Lavagruben ein unwiderstehliches Ziel. Ihre senkrechten Wände könnten erzählen, wie die Maria im Laufe der Jahrmillionen entstanden sind; denn statt auf einen Schlag zu erstarren, „gefror" die Lava immer wieder zu Gestein und wurde später neu überflutet. Der sich daraus ergebende „Flickenteppich" zeigt sich in geologischen Datierungen: Einzelne Bereiche der Maria sind oft Hunderte Millionen Jahre jünger oder älter als solche, die nur weniger Kilometer entfernt liegen. In den Wänden der Lavagruben liegt Schicht um Schicht die immer wieder übereinandergestapelte Lava, wie in der Kante einer angeschnittenen Torte. Die intensive Phase des Mare-Vulkanismus zwischen 3,8 und 3,3 Milliarden Jahren vor unserer Zeit dauerte für Mona Lund von den frühen Morgenstunden am Dienstag bis zur Mittagszeit. Spätere Magma-Ausbrüche, und damit auch jüngere Mare-Flächen, sind selten. Sie finden sich vor allem im Mare Imbrium, wo es stellenweise noch bis vor zwei Milliarden Jahren brodelte, und im Oceanus Procellarum, dessen Oberfläche an wenigen Stellen sogar nur eine Milliarde Jahre alt ist.

3 – Der Mond als Ding

Was allerdings der Auslöser für diese Aktivität war, ist rätselhaft: Zunächst entsteht der Mond in einer gewaltigen Katastrophe und ist eine Zeitlang zu einem großen Teil flüssig. Dann bildet er eine kalte, feste Kruste aus, in der gewaltige Einschläge große und tiefe Becken hinterlassen. Einige Zeit später brechen jedoch scheinbar aus heiterem Himmel Lavaströme aus dem Mond hervor, welche die Becken überfluten und so die Maria bilden. Woher kam plötzlich das flüssige Gestein, das – die dunkle Farbe beweist es – eine andere chemische Zusammensetzung haben muss als die übrige Kruste? Überraschenderweise gibt es darauf bis heute keine sichere Antwort. Analysen deuten darauf hin, dass sie aus Gestein entstanden sind, welches im Inneren des Mondes bereits erstarrt gewesen war, ehe es erneut verflüssigt wurde. Die dafür nötige Energie könnte aus dem Großen Bombardement gekommen sein – falls es tatsächlich stattfand. Andere Theorien berufen sich auf Veränderungen im Inneren des Mondes, etwa aufgrund der Gezeitenkräfte durch die Erde, die wir gleich im Detail kennenlernen. Doch die wirkliche Herkunft der Maria ist nach wie vor ein Rätsel. Immerhin können wir mit unserem Wissen nun die Erscheinung der beiden Landschaften auf dem Mond erklären. Die hellen Hochländer bestehen aus altem Gestein, das schon kurz nach der Entstehung des Mondes die Kruste bildete. Ihre Zusammensetzung wird von den Elementen Kalzium und Aluminium dominiert. Sie waren von Anfang an dem unablässigen Beschuss aus dem All ausgesetzt und sehen dementsprechend zerklüftet aus. Die dunklen Maria kamen hingegen deutlich später dazu und bestehen aus Vulkangestein, das von den Elementen Eisen und Titan geprägt ist. Dass die Maria Falten, Rillen und Löcher aufweisen, hängt mit ihrer vulkanischen Geschichte zusammen. Da sie außerdem deutlich jünger sind als die Hochländer, haben sie weniger Einschläge abbekommen und wirken dadurch aus der Ferne glatter und aufgeräumter.

Mona Lund und das Meer

> ARBEITSNOTIZEN DER MONA LUND – DIENSTAG, 15:30 UHR:
> Gleich ist Feierabend für heute. Die meiste Zeit habe ich das Fließen und Versteinern der Lava bewundert, aber seit dem Mittag passiert kaum noch etwas. Vorhin kam ein Kollege von den Gasplaneten vorbei und ich wollte ihm stolz die dunklen Flecken zeigen. Er stand aber gerade hinter dem Mond und meinte: „Wovon sprichst Du denn? Ich sehe gar keine dunklen Flächen." Da fiel mir überhaupt erst auf: Auf der Rückseite fehlen sie fast komplett! Ein, zwei Flecken gibt es dort zwar, aber die fallen kaum auf. Woher dieser große Unterschied zwischen Vorder- und Rückseite kommt, werde ich möglichst schnell herausfinden. Wäre ja peinlich, wenn es eine Besichtigung gäbe und ich keine Antwort hätte.

Das wichtigste Indiz dafür, warum die Rückseite des Mondes frei von Maria ist, könnte die Mondkruste selbst sein. Sie ist auf der Vorderseite 60–100 Kilometer, auf der Rückseite sogar 100–150 Kilometer stark. Darunter liegt der Mondmantel, der heute wahrscheinlich erkaltet und inaktiv ist. In der Zeit, zu der die Maria entstanden, sah das noch ganz anders aus: An vielen Stellen drang Magma aus dem heißen Mondmantel durch die Kruste und bedeckte als fließende Lava jene Teile des Mondes, die wir heute als Maria kennen. Verantwortlich dafür waren wahrscheinlich Einschläge, welche die Kruste aufgerissen hatten. Auf der Rückseite des Mondes ist die Kruste jedoch etwa um die Hälfte dicker. Einschläge traktierten zwar Vorder- und Rückseite gleichermaßen, aber konnten womöglich nur auf der Vorderseite das Austreten von Magma auslösen, da die Kruste der Rückseite zu dick war. Die ursprüngliche Frage nach den fehlenden Maria auf der Mondrückseite führt uns also zu einer anderen: Warum ist die Kruste auf der Mondrückseite so dick? In den vergangenen Jahren verbreiteten sich dazu gleich zwei aussichtsreiche Theorien: Die erste, veröffentlicht im Jahr 2011, stützt sich auf Computersimulationen des gewaltigen Einschlags und besagt, dass sich neben der Zerstörung des eingeschlagenen Körpers (Theia) und der Entstehung des Mondes ein weiterer, deutlich kleinerer Mond gebildet haben könnte.

3 – Der Mond als Ding

Entscheidend ist, was diesem „Mini-Mond" als nächstes geschehen sein soll: ein Zusammenstoß mit dem Mond. Wegen eben der geringen Entfernung zwischen Mond und Mini-Mond dürfte die Kollision jedoch eher sanft gewesen sein. Dadurch soll sich der Mini-Mond regelrecht auf dem großen Mond „verschmiert" haben. Für einen entsprechend großen Mini-Mond ergeben die Simulationen, dass sein Material hinterher gut die Hälfte des Mondes bedeckt hätte. Das würde für eine dickere Kruste sorgen – so wie wir es von der Mondrückseite kennen. Praktischerweise müsste der Einschlag dafür nicht zufällig genau die Rückseite getroffen haben. Vielmehr könnte die dickere und damit schwerere Seite nach dem Verschmelzen aufgrund der Gezeitenkräfte zwischen Erde und Mond nach hinten gedreht worden sein. Das ist eine elegante Lösung: Erst bildete sich eine Seite mit dicker Kruste und dann wurde sie zur Rückseite. Die Idee hat einige Anhänger, doch schlagende Beweise gibt es noch nicht. Wie schon die Einschlaghypothese, ließe sie sich gut durch chemische Spuren belegen, die für eine Existenz des Mini-Mondes sprechen. In den bis heute untersuchten Proben des Mondes fand sich jedoch noch kein solcher Nachweis. Auch die Grundannahme steht in der Kritik: Erst soll sich der Mond durch einen gewaltigen Einschlag gebildet haben und dann soll dieser Mond auch noch durch einen weiteren, sanften Einschlag zu seiner heutigen Form gekommen sein. Einigen Forschern klingt das zu sehr – um es mit einem physikalischen Fachbegriff zu sagen – hingebastelt.

Die zweite Erklärung aus dem Jahr 2014 kommt mit weniger Zufällen aus. Sie basiert darauf, dass sich Erde und Mond kurz nach dem gewaltigen Einschlag sehr nahe waren. Erst im Laufe der Zeit entfernte sich der Mond aufgrund der Gezeitenkräfte von der Erde. Als Erde und Mond kurz nach dem gewaltigen Einschlag noch sehr heiß und sehr nah beieinander waren, soll die Wärme der Erde die Mondvorderseite wie ein Heizstrahler zusätzlich warm gehalten haben. Das Mondgestein soll damals noch teilweise flüssig gewesen und sogar in Form von Dampf um den Mond gewabert sein. Dieser Dampf soll sich dann bevorzugt auf der Rückseite des Mondes niedergeschlagen haben, die weniger stark von der Erde geheizt wurde. Als der Mond schließlich so weit abkühlte, dass sich eine feste Kruste bilden konnte, war sie auf der Rückseite deutlich dicker. Dieser zweite Vorschlag ist bei einigen Forschern beliebter, weil er mit einer einfacheren Beschreibung die gleichen Beobachtungen erklärt. Doch die Hypothese von der „Heizstrahler-Erde" ist schwieriger zu belegen. Zum einen ist das komplizierte Wechselspiel der Chemie und Physik flüssigen Gesteins wenig erforscht. Zum anderen ist nicht klar, ob dieser Vorgang Spuren auf dem Mond hinterlassen hat, die als Beweis taugen. Die Rückseite des Mondes könnte uns also noch eine ganze Weile fremd bleiben – mindestens bis wir sie eines Tages auch betreten haben.

Mona Lund unter Beschuss

> ARBEITSNOTIZEN DER MONA LUND – MITTWOCH, 15:00 UHR:
> Der heutige Tag mit meinem Mond war – ich hätte nicht gedacht, dass ich das einmal sagen würde – sterbenslangweilig. Als ich morgens zur Arbeit kam, war nahezu jeglicher Vulkanismus erloschen. Die dunklen Flecken sind hübsch geworden, aber nun sind sie fertig. Zeit für einen Besuch beim Erd-Kollegen: Auf das Leben auf seinem Planeten scheint er inzwischen ein bisschen stolz zu sein. Nun zeigt sich auch, dass eine Lebewesen inzwischen die Erdatmosphäre beeinflussen, die plötzlich nur so vor Sauerstoff strotzt. Er hat mir sogar ein paar richtig fortschrittliche Einzeller gezeigt – mit Zellkern und allem! Auf der Erdoberfläche wandern Kontinente hin und her und machen ordentlich Stimmung: neue Gebirge, schwere Erdbeben, Überflutungen, Vulkanausbrüche und was nicht alles. Gerade steht offenbar eine große Eiszeit an, nachdem sich die Atmosphäre verändert hat. Und auf meinem Mond ... tja, so lieb ich ihn habe, heute ist tote Hose.

Kein Wunder, dass sich Mona Lund am Mittwochnachmittag langweilt. Das Sonnensystem hat seine Sturm-und-Drang-Zeit endgültig hinter sich gelassen und die gewaltigen Prozesse, die es bis hierher geprägt haben, sind schon vor einer guten Jahrmilliarde zum Erliegen gekommen. Was seitdem passiert ist, lässt sich kurz zusammenfassen: Die Mondoberfläche wurde weitere zwei Milliarden Jahre lang von Einschlägen gezeichnet.

3 – Der Mond als Ding

Da sie aufgrund der fehlenden Atmosphäre direkt an den Weltraum angrenzt, die geologische Aktivität inzwischen zum Erliegen gekommen ist und weder Wind, noch Flüssigkeiten oder Lebewesen sie beeinflussen, könnte man denken, dass sie seither unveränderlich ist und sogar die Fußabdrücke von Neil Armstrong & Co. niemals vergehen – wenn da nicht die Einschläge wären.

Wie schutzlos der Mond solchen Einschlägen ausgeliefert ist, wird erst im Vergleich mit der Erde deutlich. Die Erde wird täglich von über 100 Tonnen staub- und sandkorngroßer Steinchen getroffen, die dank unserer Atmosphäre viele Kilometer über dem Erdboden verdampfen und uns nicht weiter berühren. Selbst Asteroiden, die mehrere Meter groß sind, verglühen aufgrund der Luftreibung in einem ansehnlichen Feuerball, bevor irgendein Teil von ihnen die Erdoberfläche erreichen kann. Erst wenn ein Asteroid rund 25 Meter groß ist, schaffen es Teile von ihm auf die Erde. Doch die Erdatmosphäre entschärft sie und so bleiben von einem Asteroiden am Erdboden weniger als 100 Gramm übrig – verschwindend wenig also. Zudem wird dieser Überrest so stark abgebremst, dass er nur mit etwa 100 Metern pro Sekunde auf der Erde einschlägt. Aber keine Angst vor Meteoriten! Es sind aus den vergangenen 200 Jahren kaum ein halbes Dutzend Fälle überliefert, in denen sie auch nur in der Nähe von Menschen gelandet wären. Nur gegenüber großen Asteroiden von mehr als ein paar Hundert Metern ist die Erde genauso verwundbar wie der Mond, weil sie kaum noch von der Erdatmosphäre gebremst werden. Sowohl der Einschlag, der das Ende der Dinosaurier – mit Ausnahme der Vögel – einläutete, als auch der Mondkrater Tycho dürften durch solche Brocken von wenigen Kilometern Durchmesser verursacht worden sein, und das auch noch ungefähr zur gleichen Zeit: auf der Erde vor etwa 66 Millionen Jahren und auf dem Mond vor rund 109 Millionen Jahren. Überhaupt ist Tycho mit seinen 86 Kilometern Durchmesser ein Paradebeispiel für einen jungen, großen Einschlagskrater. In den vergangenen ein bis zwei Milliarden Jahren sind nur etwa ein Dutzend weitere Krater von vergleichbarer Größe entstanden. Sie alle zeigen ähnliche Merkmale wie Tycho: terrassenartige Stufen vom Kraterrand zum Kraterboden, welcher mit losem Geröll gefüllt ist. Im

Zentrum prangt schließlich mindestens ein Zentralberg. Solche komplexen Krater sind rund ein Zehntel ihres Durchmessers tief. Krater von weniger als 10–20 Kilometern sind dagegen simpler aufgebaut. Sie haben meist keine Terrassen und keine Zentralberge. Ihr Boden ist kaum von Geröll bedeckt, sodass sie eher die Form einer durchgehenden „Schüssel" aufweisen. Dadurch sind sie im Vergleich tiefer, nämlich ungefähr ein Drittel ihres Durchmessers.

Da es auf dem Mond nie Wetter gab und er inzwischen geologisch inaktiv ist, verändern sich Krater nur durch eines: weitere Krater. Es gibt zahllose Beispiele für Krater, die im Inneren oder auf dem Rand von anderen Kratern liegen. Sogar die großen Becken aus der Frühzeit des Mondes überlagern sich auf diese Weise – ein wichtiger Schlüssel zu seiner Geschichte. Manche größeren Krater lassen sich auf diesem Wege sogar datieren: Je mehr sie von kleinen Kratern bedeckt sind – die häufiger entstehen – desto älter sind sie. Diese Methode nennt sich Kraterzählen und ist ein unverzichtbares Werkzeug für Mondforscher. Wie sehr die Mondoberfläche von Kratern jeder Größe übersät ist, zeigt sogar die Raumfahrt: Alle sechs Mondfähren standen nach ihrer Landung schief, weil sie mit mindestens einem Bein in einem Krater standen. Insgesamt finden sich auf 100 Quadratmetern Mondoberfläche mindestens zehn Krater mit einem Durchmesser von über einem Meter. Bei jedem Einschlag auf dem Mond wird auch Material in die Umgebung hinausgeworfen und zwar umso mehr und umso weiter, je gewaltiger der Einschlag ist. So sind die prächtigen, hellen Strahlensysteme entstanden, die wir auf der Mondvorderseite etwa um die Krater Tycho oder Copernicus bewundern können. Übrigens kann dieses herausgeschleuderte Material so schnell werden – mehr als 2,4 Kilometer pro Sekunde –, dass es den Mond verlässt. Solche Brocken können dann als Mondmeteoriten auf der Erde niedergehen. Von den über 55.000 auf der Erde gefundenen und erfassten Meteoriten stammen ein paar Hundert vom Mond. Sie wiegen zusammen über 200 kg – etwas mehr als die Hälfte dessen, was die Apollo-Astronauten zur Erde zurückgebracht haben.

3 – Der Mond als Ding

Schlägt ein Stein auf dem Mond ein, wird seine Bewegungsenergie zu einem Großteil in Hitze umgewandelt, die ihn komplett verdampfen lässt. Selbst von großen Brocken bleiben höchstens winzige Bruchstücke im Mondstaub übrig. Kollisionen mit dem Mond passieren nämlich immer ungebremst, also im Mittel mit etwa 20 Kilometern pro Sekunde. Doch nun kommen wir zum entscheidenden Unterschied zwischen Erde und Mond, dessen Konsequenzen unsere Vorstellungskraft strapazieren und der den Schlüssel zu allem bildet, was wir heute auf der Mondoberfläche vorfinden. Weil nämlich der Mond keine Atmosphäre hat, besitzen selbst kleine Steinchen und sogar Staubkörner diese enormen Geschwindigkeiten, wenn sie auf seiner Oberfläche einschlagen! Jene winzigen Staubteilchen, die zu 100 Tonnen pro Tag wirkungslos in der oberen Erdatmosphäre verglühen, treffen den Mond seit Jahrmilliarden ununterbrochen mit diesen enormen Geschwindigkeiten – und zwar zusätzlich zu den größeren Brocken, die sichtbare Krater verursachen! Einzige logische Folgerung: Alle Strukturen auf dem Mond – ob Mondstaub oder Krater – sind durch Einschläge entstanden. Kosmische Kollisionen haben die feste Kruste aufgeschlagen, große Brocken zu kleinen Steinen zertrümmert und kleine Steine zu Staub zerrieben. Aus diesem Grund ist Mondstaub etwas fundamental anderes aller Sand, Staub oder Pulver auf der Erde. Ein Löffelchen Oberflächen-Mondstaub besteht zur Hälfte aus Teilchen, die weniger als 50 Mikrometer groß sind. Damit ist der Mondstaub – der wohlgemerkt etliche Zentimeter dick auf der gesamten Mondoberfläche liegt – etwa so fein wie Talkumpuder. So harmlos wie er sich anhört, ist Mondstaub allerdings nicht. Analysen haben gezeigt, dass er zu einem großen Teil aus mikroskopischen, scharfkantigen Glassplittern besteht, die durch die Hitze der Einschläge entstanden sind. Ein treffender Vergleich mit irdischen Materialien wäre deshalb: Mondstaub ist eine Mischung aus Glaswolle und Gestein, zertrümmert bis zur Konsistenz von feinem Puder. Das klingt nicht nur aggressiv, sondern ist auch extrem ungesund. Das mussten die Apollo-Astronauten auf der Mondoberfläche feststellen, als sich Mondstaub überall festsetzte und fast unmöglich zu entfernen war. Blindgeriebene Helm-

visiere und durchgescheuerte Handschuhe waren die Folge. Auf einem berühmten Foto der Mission Apollo 17 sieht der Astronaut Gene Cernan in der Mondfähre mit einem Gesicht voller Mondstaub aus wie ein Grubenarbeiter. Die Astronauten waren sich einig, dass Mondstaub nach Schießpulver riecht.

Nun können wir auch verstehen, warum nur wenige Krater wie Copernicus oder Tycho helle Strahlensysteme zeigen. Das frisch ausgeworfene Material der Strahlen wird nämlich im Laufe der Zeit zusammen mit dem übrigen Staub und Geröll durch große und kleine Einschläge umgegraben, bis es sich nicht mehr von der übrigen Mondoberfläche abhebt. Diesen Vorgang nennen manche Mondforscher auch liebevoll das „Gärtnern des Regolith". Lange dachte man übrigens, dieser Vorgang liefe so langsam ab, dass das vollständige Durchmischen der oberen Zentimeter Mondstaub einige Millionen Jahre dauert. Neue Forschungsergebnisse aus dem Jahr 2016 deuten jedoch darauf hin, dass dies viel schneller gehen könnte. Demnach wären die Fußspuren der Apollo-Astronauten nicht erst in ein paar Millionen Jahren aus dem Mondstaub verschwunden, wie man lange dachte, sondern schon in einigen zehntausend Jahren. Wenn das kein Grund ist, unserem kosmischen Begleiter mal wieder einen Besuch abzustatten!

3 – Der Mond als Ding

Mona Lund im gemischten Doppel

> ARBEITSNOTIZEN DER MONA LUND – DONNERSTAG, 14:30 UHR:
> Wieder ein Tag, an dem ich auf meinem Mond bloß dem Geröll beim Gärtnern zuschauen konnte. Zum Glück hatte mein Nachbar mit der Erde auch Zeit. Wir haben zusammen seine Einzeller beobachtet, die erst mit geschlechtlicher Fortpflanzung angefangen und sich dann sogar zu Vielzellern zusammengeschlossen haben. Mein Kollege meinte ganz nachdenklich, wenn das so weiterginge, würden die Lebewesen irgendwann die Gestalt des Planeten bestimmen, anstatt umgekehrt. Ein ulkiger Gedanke! Die meiste Zeit haben wir uns aber darüber unterhalten, wie die Gezeitenkräfte unsere beiden Himmelskörper verbinden. Dass man von der Erde aus stets die schönen dunklen Flecken auf meinem Mond sieht, kommt zum Beispiel auch daher. Mein Kollege meinte sogar, die beruhigende Wirkung des Mondes auf die Erdachse könnte sich noch positiv auf das Leben auswirken, das sich gerade entwickelt. Da war ich sehr geschmeichelt!

Dass sich der Kollege von Mona Lund Zeit für ein Pläuschchen nehmen kann, ist kein Wunder. Die Zeit zwischen 1,8 und 0,8 Milliarden Jahren vor unserer Zeit – und damit der ganze Donnerstag in der Sonnensystemverwaltung – trägt unter Geologen und Evolutionsforschern den Spitznamen Boring Billion, also „die langweilige (Jahr-)Milliarde".

Werfen wir also einen Blick auf die Gezeitenkräfte, die seitdem einiges bewirkt haben. Ihre Auswirkungen sind vielfältig, doch am bekanntesten sind zweifellos und Ebbe und Flut. Bekanntlich ist der Mond für Ebbe und Flut verantwortlich. Die verbreitete Vorstellung ist, dass der Mond das Wasser auf der Erde anzieht, wodurch ein „Flutberg" entstünde, der in Richtung Mond zeigt. Weil sich die Erde unter diesem Flutberg hinwegdreht, wandert er um die Welt, sodass an jedem Ort abwechselnd Ebbe und Flut herrschen. Doch diese Vorstellung ist nicht korrekt. Das können wir schon daran festmachen, dass sich die Erde nur einmal pro Tag unter dem Mond hinwegdreht.

Mona Lund im gemischten Doppel

Ebbe und Flut treten aber zweimal täglich auf! Eine bessere Erklärung finden wir darin, dass der Mond strenggenommen nicht einfach um die Erde kreist, sondern sich beide Körper um einen gemeinsamen Schwerpunkt bewegen, der im Inneren der Erde liegt. Aus einiger Entfernung betrachtet sähe man deshalb nicht nur den Mond kreisen, sondern die Erde auch um diesen Punkt „eiern." Diese Bewegung sorgt wiederum für eine Fliehkraft auf der Erde. So ergibt sich, dass die Gezeitenkräfte einerseits zum Mond zeigen (weil hier seine Schwerkraftwirkung größer ist), andererseits aber auch auf der anderen Seite der Erde vom Mond weg (weil hier die Fliehkraft größer ist). Demnach gibt es tatsächlich zwei Flutberge: einen, der zum Mond zeigt, und einen auf der gegenüberliegenden Seite der Erde. Und diese zwei Flutberge sind es, unter denen sich die Erde hinwegdreht, sodass Ebbe und Flut zweimal täglich auftreten. Doch Vorsicht! Auch diese Vorstellung ist noch trügerisch. Denn wenn wir annehmen, beide Flutberge würden vom Mond „angehoben" beziehungsweise durch die Fliehkraft „hochgeworfen", entspricht auch das nicht der Wahrheit, da die Kräfte dafür an sich viel zu schwach sind. Ein Beispiel: Angenommen, der Mond stünde direkt über uns am Himmel und wir hätten eine Schale mit einem Liter Wasser vor uns. Ohne Gezeitenkräfte wöge dieser Liter Wasser genau 1000 Gramm. Wenn der Mond an diesem Liter „zieht", verringert sich das Gewicht des Liters nur um magere 0,0001 Gramm. Denn die Gezeitenkraft ist überall auf der Erde mindestens zehn Millionen Mal schwächer als die irdische Schwerkraft. So eine schwache Kraft kann unmöglich große Wassermassen anheben, also muss auch für den Ursprung der Flutberge eine bessere Erklärung her. Wir finden sie darin, dass das Wasser nicht angehoben, sondern vielmehr beiseite geschoben wird – und zwar entlang der gesamten Erde: Angenommen, wir würden einen Gürtel um einen Sitzball legen und ihn zuschnallen. Das Resultat wäre, dass sich der Ball ausbeult und zwar vom Gurt weg in beide Richtungen nach außen. Eine ähnliche Wirkung haben die Gezeitenkräfte auf die Weltmeere: Sie verdrängen das Meer aus der Region zwischen den Flutbergen, als würde sich ein Gürtel um die Erde spannen. Die Gezeitenkräfte heben also die Flutberge nicht direkt an, sondern türmen sie durch seitlichen Wasserdruck auf. Das Wasser

3 – Der Mond als Ding

der Weltmeere wird über Tausende Kilometer leicht zur Seite geschoben, wodurch in der Summe schließlich doch ein beträchtlicher Druck entsteht. Dieser seitliche Druck ist es, der die Flutberge erzeugt. Das strapaziert unsere Vorstellungskraft, daher stellen wir es uns einmal so vor: Wir füllen ein flaches Backblech randvoll mit Wasser und heben eine Seite ein wenig an. Sofort bildet sich eine beträchtliche Welle, die am unteren Ende vom Blech schwappt. Der Grund: Durch das Schrägstellen des Blechs um diesen kleinen Winkel, wirkt die Schwerkraft nicht mehr nur genau nach unten, sondern um diesen Winkel zur Seite. Und dieser kleine Kraftanteil zur Seite genügt, um das Wasser zur Welle aufzutürmen. Und eine solche vergleichsweise winzige Kraft zur Seite bewirkt auch die Gezeitenkraft des Mondes in den Weltmeeren. Sie schwappen natürlich nicht von der Erde, aber türmen sich sehr wohl zu Flutbergen auf. Ganz ohne Kontinente, also auf einem globalen Ozean, wären diese Flutberge kaum mehr als einen halben Meter höher als die Ebbe. In der Realität ist die Bewegung des Wassers aber deutlich komplizierter, da sich die Erde ständig unter den Flutbergen hindurchdreht. So liegt dem Wasser alle Nase lang ein Kontinent im Weg. Wenn ein Flutberg auf Küsten und Engstellen trifft, verteilt sich sein Druck, sodass der Höhenunterschied zwischen Ebbe und Flut – kurz „Tidenhub" – sehr unterschiedlich ausfallen kann. Er beträgt beispielsweise an der Atlantikküste Portugals bis zu vier Meter, während es an der Nordküste Frankreichs mehr als zehn Meter sein können.

Neben dem Mond übt übrigens auch die Sonne Gezeitenkräfte auf die Erde aus. Sie folgen im Prinzip den gleichen Regeln. Die Sonne ist zwar viel weiter entfernt als der Mond, aber auch viel schwerer und so haben die Gezeitenkräfte von Mond und Sonne zufällig eine ähnliche Größenordnung: Die Sonne zieht halb so stark an den Weltmeeren wie der Mond. Somit ist ein Drittel der Gezeiten auf die Sonne und zwei Drittel auf den Mond zurückzuführen. Wenn Sonne, Erde und Mond zudem in einer Reihe stehen, also zu Neumond und Vollmond, sind die Flutberge besonders hoch. Zu Halbmond heben sie sich dagegen zu einem großen Teil auf. Die stärksten Gezeiten nennt man „Springtide" und die besonders schwachen „Nipptide".

Mona Lund im gemischten Doppel

Übt eigentlich auch die Erde Gezeitenkräfte auf den Mond aus? Ja und sie sind von großer Bedeutung, da wir durch sie immer dieselbe Seite des Mondes sehen. Auf dem Mond gibt es zwar keine Ozeane, doch die Erde erzeugt regelrechte „Flutberge" im Gestein des Mondes! Als sich der Mond kurz nach seiner Entstehung noch deutlich schneller drehte als heute, liefen diese Flutberge aus Gestein tatsächlich ständig um den Mond. Die dadurch entstehende gewaltige Reibung entzog der Eigendrehung des Mondes Energie, sodass sie sich verlangsamte – so lange, bis der Mond immer dieselbe Seite zur Erde gewandt hatte. Dann endlich stand der Gesteins-Flutberg auf dem Mond still und verursachte keine Reibung mehr – der Zustand der gebundenen Rotation hatte sich eingestellt. All das spielte sich nach der Entstehung des Mondes in kürzester Zeit ab. Seitdem erfährt der Mond kaum noch Gezeitenreibung durch die Erde, was den Mond erkalten ließ und die Bildung einer festen Kruste ermöglichte. Doch zurück zu den Flutbergen auf der Erde, denn die haben neben Ebbe und Flut noch weitere Auswirkungen. Da sie laufend gegen Kontinente stoßen und sich am Meeresboden reiben, bremsen sie nämlich auch die Umdrehung der Erde. Zudem werden die Flutberge ein Stück mitgerissen, während sich die Erde unter ihnen dreht. Sie zeigen deshalb nicht genau zum Mond, sondern auf dessen Umlaufbahn ein Stück „voraus", was den Mond wiederum minimal beschleunigt. Nach den Gesetzen der Himmelsmechanik entfernt er sich deshalb von der Erde. Das klingt dramatisch: Der Mond verlängert die Tage auf der Erde *und* entfernt sich dabei von uns. Wie stark diese Effekte sind und was sie am Ende bewirken, besprechen wir im fünften Kapitel, Seite 110, wenn wir uns mit der Zukunft des Mondes beschäftigen.

Kommen wir zu einer letzten offenen Frage: Hätte der Mond jemals lebensfreundlich sein können? In vergangenen Jahrhunderten glaubten die Menschen an einen fruchtbaren, belebten Mond – bevor die moderne Astronomie und die Raumfahrt diesen Traum platzen ließen. Doch dafür war der Mond wahrscheinlich von Anfang an zu klein. Mit seiner geringen Masse hätte er nie eine nennenswerte Atmosphäre halten können und durch seine geringe Größe war er bald ausgekühlt. Ohne ein schützendes Magnetfeld oder eine Wärmequelle

3 – Der Mond als Ding

ist die Entwicklung von Leben wie wir es kennen nicht vorstellbar. Nun gut – wenn schon nicht auf dem Mond, dann vielleicht auf der Erde? Tatsächlich gibt es Tiere, die auf die Mondphasen reagieren. Auch erleichtert das Mondlicht in vielen Nächten die Orientierung. Doch solche Effekte dürften kaum entscheidend für die Evolution gewesen sein. Ob die Gezeiten ein wichtiger Treiber für die Entwicklung des Lebens waren, ist ebenfalls umstritten. Eines könnte aber von allen Himmelskörpern allein der Mond für die Erde geleistet haben: die Erdachse stabil zu halten. Die leichte Schräglage der Erdachse von 23,4 Grad beschert uns die Jahreszeiten, da die Sonne im halbjährlichen Wechsel höher über der Nord- oder Südhalbkugel steht. Die Erdachse steht dabei nicht fest im Raum, sondern wackelt und verändert ihre Neigung leicht. Selbst über Jahrmilliarden wird die Neigung jedoch relativ konstante 20–25 Grad betragen. Computersimulationen haben in den 1990er-Jahren sogar gezeigt, dass die Erde ohne den Mond Achsenneigungen bis zu 80 Grad hätte erleiden können. Monatelanger Sonnenschein und halbjährliche Eiszeiten hätten sich abgewechselt – schlechte Aussichten für komplexes Leben. Jüngere Simulationen sagen zwar weniger dramatische Auswirkungen für eine Erde ohne Mond voraus, doch eines bleibt unbestritten: Die Präsenz des Mondes hat über Jahrmilliarden beständige klimatische Bedingungen sichergestellt, von denen die Evolution profitierte. Ich würde es jedenfalls nicht auf ein Leben ohne Mond ankommen lassen wollen – zumal wir dann auch Mona Lund nicht kennengelernt hätten!

Mona Lund im gemischten Doppel

> **ARBEITSNOTIZEN DER MONA LUND – FREITAG, 14:00 UHR:**
> Feierabend – das Wochenende steht vor der Tür! Heute war noch einmal ein schöner Arbeitstag. Zwischen gestern Abend und heute Mittag haben ein paar Einschläge noch wunderschöne, riesige Strahlen über die Oberfläche meines Monds geworfen, die bestimmt auch von der Erde aus großartig aussehen. Apropos Erde: Zuschauer gibt es dort inzwischen genug. Dem Kollegen ist über Nacht die Bevölkerung seines Planeten explodiert. Es gab auch ein paar Massensterben, aber inzwischen wimmelt sein Planet so sehr vor Leben. Dabei betont er stets, dass es mit dem Mond als Nachbarn besonders viel Freude gemacht hat. Vor ein paar Sekunden scheint sogar intelligentes Leben aufgetaucht zu sein – gerade eben sind ein paar Exemplare sogar zu meinem Mond geflogen und darauf herumgelaufen! Wie sich das wohl übers Wochenende weiterentwickelt?

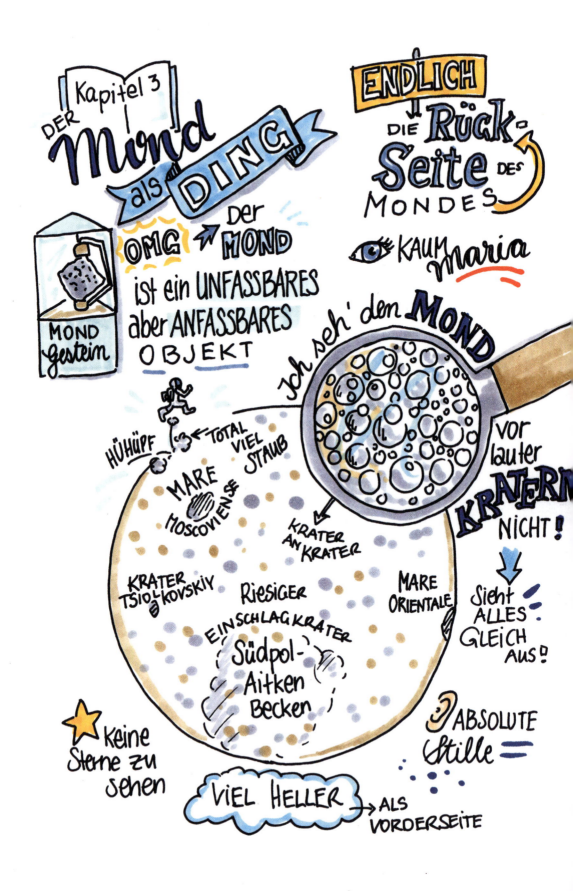

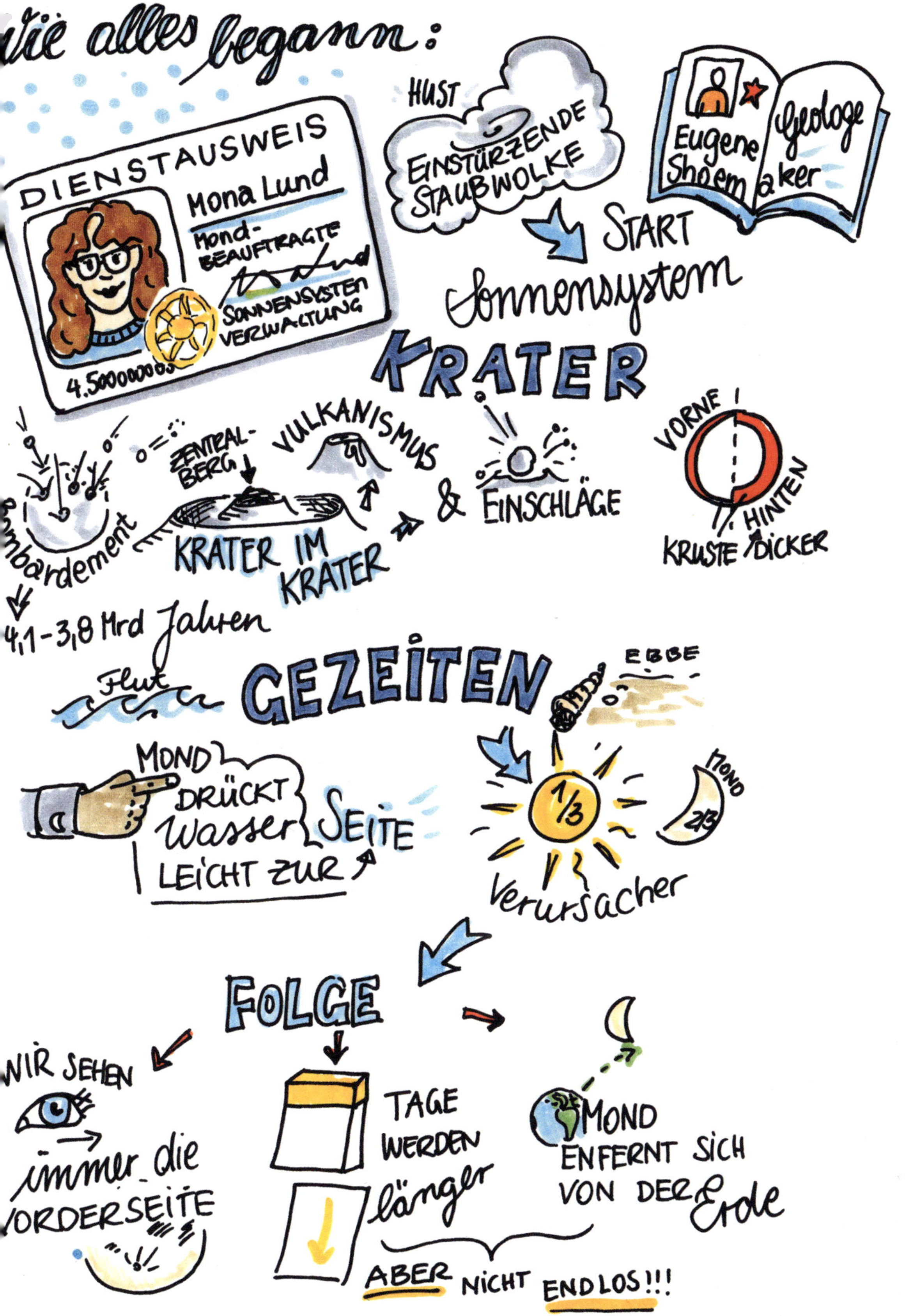

wie alles begann:

DIENSTAUSWEIS — Mona Lund, Mond-Beauftragte, Sonnensystem Verwaltung, 4.500000000

HUST — Einstürzende Staubwolke → START Sonnensystem

Eugene Shoemaker — Geologe

KRATER

Bombardement — Zentralberg — Vulkanismus — & Einschläge
KRATER IM KRATER

VORNE / HINTEN — KRUSTE DICKER

4,1–3,8 Mrd Jahren

GEZEITEN

Flut — EBBE

MOND DRÜCKT WASSER SEITE LEICHT ZUR ↗

Verursacher: 1/3 Sonne, 2/3 Mond

FOLGE

WIR SEHEN → immer die VORDERSEITE

TAGE WERDEN länger

MOND ENTFERNT SICH VON DER ERDE

ABER NICHT ENDLOS!!!

Der Mond als Ziel

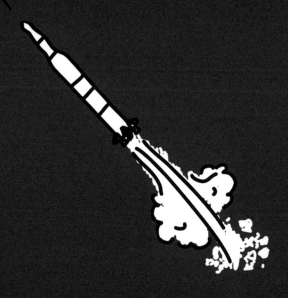

4 – Der Mond als Ziel

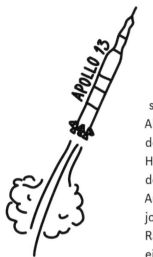

In vielen Büchern über den Mond erinnern sich die Autoren oder Autorinnen an die Mondlandung 1969. Als ich geboren wurde, war jedoch schon 14 Jahre lang kein Fuß mehr auf den Mond gesetzt worden. Trotzdem hat mich die Raumfahrt fasziniert, seit ich denken kann. Das Jahrzehnt meiner Kindheit waren die 90er-Jahre, die voller aufregender Nachrichten aus dem All waren: Space Shuttle in zweiter Blütezeit, „Apollo 13" in den Kinosälen. Aus Deutschland flogen unter anderem Ulf Merbold und Thomas Reiter zur russischen Raumstation Mir, dem ersten Langzeit-Außenposten der Menschheit im All. Als die Mir nach fast 15 Jahren ausgemustert wurde, begann die Ära der Internationalen Raumstation ISS. Bereits 1990 nahm außerdem das Hubble-Weltraumteleskop seine Arbeit auf und beobachtete z. B., wie der Komet Shoemaker-Levy 9 auf dem Gasplaneten Jupiter einschlug. Auf dem Mars setzte 1997 die Pathfinder-Sonde das kleine Fahrzeug Sojourner aus. Es bestand aus kaum mehr als einem Solarpanel auf sechs Rädern und legte ganze 100 Meter zurück. Dennoch war es der Auftakt einer jahrzehntelangen Erfolgsgeschichte von Mars-Fahrzeugen.

Die Vorstellung einer Reise ins All oder zu fremden Himmelskörper ist zweifellos aufregend. Auch die Technik ist atemberaubend – sie vereint das Filigrane eines Formel-1-Motors mit den Widrigkeiten einer Antarktis-Expedition und den enorm hohen Sicherheitsstandards der Luftfahrt. Für mich persönlich ist die Raumfahrt aber vor allem eines: überschaubar. Das Weltraumzeitalter begann kurz bevor meine Eltern geboren wurden und weniger als 600 Menschen waren jemals im All. Noch kleiner ist die Zahl der Raumsonden außerhalb der Erdumlaufbahn und kaum mehr als 40 Landungen auf anderen Himmelskörpern waren jemals erfolgreich. Im Vergleich dazu lassen sich Gebiete wie Kunst oder Sport unmöglich in Gänze erfassen. Die Raumfahrt hingegen ist noch jung, übersichtlich und hervorragend dokumentiert. Das wird nicht so bleiben: Immer mehr Staaten und Firmen gesellen sich zu denen, die erfolgreich Satelliten und Raumsonden ins All bringen wollen. Anfangs bestimmten weltpolitischer Geltungsdrang und Entdeckergeist die Raumfahrt, doch seit vielen Jahren spielen auch zunehmend kommerzielle Interessen eine große Rolle. Grund genug, die Raumfahrt zum Mond genauer zu beleuchten.

Roboter fliegen zum Mond

Der Weg der Menschheit zum Mond lässt sich in drei Schritte einteilen. Der erste Schritt begann mit dem Raumfahrtzeitalter zum Ende der 1950er-Jahre. In atemloser Folge und nur mäßigem Erfolg warfen die USA und die Sowjetunion einfachste Roboter in die grobe Richtung des Mondes. Bis Mitte der 1960er wurden die Raketen und Raumsonden immer ausgefeilter. Sie umkreisen erfolgreich den Mond, legten weiche Landungen hin und sammelten eine Fülle von Bildern und wissenschaftlichen Daten. Der zweite Schritt waren die sechs bemannten Mondlandungen von 1969–1972, die den Triumph der USA über die Sowjetunion im Wettlauf zum Mond markierten. Mit dem Ende dieser Mondflüge wurde die dafür entwickelte Technik ausgemustert und nie ersetzt – ein gewaltiger Rückschritt! Während sich die USA und die Sowjetunion auf Raumschiffe und Raumstationen in der Nähe der Erde konzentrierten, ging die Fähigkeit, Menschen zum Mond zu bringen, innerhalb kürzester Zeit verloren – und ist bis heute nicht wiedererlangt worden. Seit Mitte der 1970er wurden nicht einmal mehr Roboter zum Mond geschickt. Andere Planeten und Himmelskörper des Sonnensystems zogen die Aufmerksamkeit der Wissenschaftler auf sich. Erst im dritten Schritt ab 1990 kamen neue Raumsonden zur Erforschung des Mondes auf den Weg. Seither haben, neben amerikanischen, auch japanische, europäische, chinesische und indische Sonden den Mond erforscht. Aufsehen erregt heute vor allem das chinesische Raumfahrtprogramm, das im Jahr 2013 die erste weiche Landung auf dem Mond seit 1976 hinlegte. Weitere Landungen chinesischer Sonden sind für die nahe Zukunft geplant – und könnten sogar schon geschehen sein, wenn Sie dieses Buch in den Händen halten (Stand Oktober 2018).

Roboter fliegen zum Mond

Wann kann man eigentlich von einem „erfolgreichen Mondflug" sprechen? Zweifellos muss man dafür die Erde verlassen und das geht nur mit einer Rakete. Zu Beginn des Raumfahrtzeitalters bereitete schon diese Aufgabe den USA und der Sowjetunion einiges Kopfzerbrechen. Im Oktober 1957 war der Sowjetunion der Start des allerersten Satelliten

4 – Der Mond als Ziel

Sputnik-1 gelungen. Doch in den folgenden Jahren endeten in beiden Ländern zwei Drittel aller Raketenstarts in ungeplanten Explosionen oder technischem Versagen auf halbem Weg. Bis März 1959 waren insgesamt zehn Raketen gezündet worden, die kleine Raumsonden zum Mond bringen sollten. Von diesen zehn hatte nur je eine sowjetische und eine amerikanische Rakete überhaupt die Erde verlassen – und dann den Mond um einige Tausend Kilometer verfehlt. Doch im September 1959 brachte die Sowjetunion Luna 2 auf den Weg, eine Metallkugel mit Antennen und einfachen Messinstrumenten. Diese Sonde war mit einer ebenfalls sehr einfachen Rakete gestartet worden, die so lange abbrannte, bis sie auf direktem Kurs zum Mond war. Dort schlug die Sonde mit einer Geschwindigkeit von einigen Kilometern pro Sekunde auf der Oberfläche ein. Ein großer Erfolg für die damalige Zeit! Mit an Bord von Luna 2 waren einige mit Hammer und Sichel gravierte Metallplättchen, die wahrscheinlich beim Einschlag verdampft sind. (Der sowjetische Ministerpräsident Chruschtschow ließ es sich übrigens dennoch nicht nehmen, dem US-Präsidenten Eisenhower wenige Tage später auf einem Staatsbesuch genüsslich eine Kopie eines solchen Plättchens zu überreichen.) Die Sowjetunion hatte sogar westliche Wissenschaftler angestiftet, die Sonde zu verfolgen: Vor dem Start von Luna 2 waren beim englischen Jodrell-Bank-Radioobservatorium Nachrichten aus Moskau eingegangen, die detaillierte Informationen über Funkfrequenzen und Himmelspositionen der Sonde enthielten. Nur wenige Wochen später legte die Sowjetunion mit der schier unglaublichen Ingenieursleistung von Luna 3 nach und bescherte der Menschheit ihren ersten Blick auf die Rückseite des Mondes. Luna 3 startete Anfang Oktober 1959 kurz nach Neumond zu einem Vorbeiflug, flog hoch über der beleuchteten Mondrückseite vorbei und öffnete ihre Kameraobjektive, um die analogen Fotofilme zu belichten. Ausreichend widerstandsfähige Filme für den Einsatz im Weltraum gab es jedoch zu jener Zeit in der ganzen Sowjetunion nicht. Luna 3 benutzte deshalb Filme aus amerikanischen Spionageballons, die über der Sowjetunion abgeschossen worden waren. Ein belichteter Film allein macht jedoch noch kein Bild – dafür muss er in einem nass-chemischen Verfahren entwickelt werden. Kein Problem für

Roboter fliegen zum Mond

Luna 3: Die Sonde war ihre eigene Dunkelkammer und entwickelte die belichteten Filme noch im All automatisch. Doch die damalige Raketentechnik erlaubte es noch nicht einmal, die entwickelten Fotos heil zurück zur Erde zu bringen. Die Bilder mussten deshalb von Luna 3 in elektrische Signale umgewandelt werden, die zur Erde gefunkt werden sollten. So wurden sie Zeile für Zeile von einem Elektronenstrahl abgetastet und ein Sensor registrierte hinter dem Foto die Stärke des Elektronenstrahls. Zu guter Letzt wurde diese Information, nachdem sich die Sonde wieder der Erde genähert hatte, per Funk an die Wissenschaftler in der Sowjetunion übertragen. Diese setzten die Funksignale schließlich zu jenen Bildern zusammen, die wenige Tage später um die Welt gingen. So gelang es der Menschheit erstmals, die Wirkung der Gezeitenkräfte auszutricksen und einen Blick hinter den Mond zu werfen – mit einem Weltraum-Fax aus einer fliegenden Dunkelkammer, die am Mond vorbeigeworfen wurde und ihre Aussicht auf erbeutetem Fotofilm festhielt. Hut ab!

Der Inhalt der Fotos von Luna 3 verblüffte die Welt. Das seit Jahrtausenden vertraute Bild der Vorderseite war Grund genug anzunehmen, auf der Rückseite sähe es genauso aus – bis die ersten Bilder das Gegenteil bewiesen. Auch diesmal war das Jodrell-Bank-Radioobservatorium in England alarmiert worden und konnte Teile der Übertragung von Luna 3 mitschneiden. Zwar waren die gesammelten Daten unzureichend, um die Bilder in England zu rekonstruieren, doch ein Abgleich mit den aus Moskau veröffentlichten Fotos überzeugte sogar die skeptischen Amerikaner von deren Echtheit. Mit dieser Entdeckungsgeschichte ist es kein Wunder, dass viele Namen auf der Mondrückseite an Russland erinnern: etwa das Mare Moscoviense (Moskauer Meer) im Norden oder der auffällige Krater Tsiolkovskiy im Süden. In den folgenden Jahren machte die bemannte Raumfahrt mit amerikanischen Astronauten und sowjetischen Kosmonauten – sowie einer einsamen Kosmonautin – große Fortschritte in der Nähe der Erde. Doch es sollte fast fünf Jahre lang kein robotischer Flug zum Mond mehr gelingen: Von November 1959 bis April 1964 misslangen mehr als ein Dutzend solcher Missionen beider Länder.

Erst Mitte 1964 gelang den USA der nächste Durchbruch: Im Abstand von einigen Monaten schlugen die drei Sonden Ranger 7, 8 und 9 auf dem

4 – Der Mond als Ziel

Mond ein, während sie bis zuletzt Fernsehbilder zur Erde funkten. Diese ersten Detailaufnahmen der Mondoberfläche zeigten eine über und über von Kratern gezeichnete Landschaft. Dazu kam eine nagende Sorge: Was, wenn der Mondstaub so locker und so tief wäre, dass ein Lander darin versinken würde? Ein lautstarker Verfechter dieser Idee war der amerikanische Astrophysiker Thomas Gold. Viele Wissenschaftler nahmen ihn nicht ernst und sprachen spöttisch vom „Goldstaub" auf dem Mond. Es war jedoch klar, dass die lästige Debatte nur durch eines beendet werden konnte: die weiche Landung einer Sonde. Genau das gelang der Sowjetunion im Februar 1966 mit Luna 9, die nach ihrer Landung erste Fernsehbilder direkt von der Mondoberfläche zur Erde sendete. Mit von der Partie – wie sollte es anders sein – war das britische Jodrell-Bank-Radioobservatorium. Dort erkannte man, was Jahre zuvor bei Luna 3 noch nicht verstanden worden war: Bei den Funkübertragungen vom Mond handelte es sich um Bilddaten im Fax-Format! In Ermangelung eines geeigneten Empfängers entschlossen sich die Astrophysiker, ein Faxgerät der Boulevardzeitung *Daily Express* im nahegelegenen Manchester auszuleihen. Zum Dank durfte die Zeitung die Bilder abdrucken und überschlug sich in ihrer Schlagzeile vom 5. Februar 1966 vor Aufregung: „VON LUNA 9 NACH MANCHESTER: DER EXPRESS FÄNGT DEN MOND EIN."

Noch im selben Jahr zogen die USA mit der Sonde Surveyor 1 nach und klärten endgültig die Frage nach dem metertiefen „Goldstaub". Von 1966–1968 nutzten die USA zahlreiche Roboter zur Vorbereitung bemannter Landungen: Während fünf Sonden namens Lunar Orbiter aus der Mondumlaufbahn detaillierte Fotos möglicher Landeplätze lieferten, untersuchten fünf Surveyor-Lander die Beschaffenheit des Bodens in verschiedenen Gegenden der Mondvorderseite. Kurz bevor die USA schließlich mit ihren bemannten Mondflügen den Wettlauf für sich entschieden, zog die Sowjetunion noch ein kurioses Ass aus dem Ärmel. Nach mehreren Fehlschlägen startete im September 1968 das erste Zond-Raumschiff erfolgreich zum Mond – eine abgespeckte Variante der bis heute eingesetzten Sojus-Serie. Die Mission Zond 5 unternahm einen engen Vorbeiflug am Mond und kehrte, dank Rückkehrkapsel mit Hitzeschild und Fallschirm, als erste Sonde wieder heil zur Erde zurück. Der

Clou: Nicht nur Zond 5 selbst kam unbeschadet vom Mond zurück, sondern mit ihr auch Lebewesen, u.a. einige Insekten sowie ein Paar russischer Landschildkröten, die als erste Lebewesen überhaupt den Mond umkreist hatten. Noch im selben Jahr brachte die NASA Menschen zum Mond und im folgenden Sommer gelang ihr die erste bemannte Mondlandung. Diesen Vorsprung holte die Sowjetunion nicht mehr ein. Dennoch gelangen ihr noch bemerkenswerte Erfolge mit robotischen Mondsonden: Zum einen wurden zwei automatische Mondfahrzeuge namens Lunochod auf den Mond gebracht. Lunochod 2, gelandet im Jahr 1973, legte ganze 39 Kilometer auf dem Mond zurück – ein Entfernungsrekord, der erst im Jahr 2014 von der amerikanischen Mars-Sonde Opportunity übertroffen wurde. Zwischen 1970 und 1976 brachten außerdem die Sonden Luna 16, 20 und 24 Proben des Mondbodens vollautomatisch zur Erde zurück. Allerdings wogen diese Proben zusammen nur etwa 300 Gramm – gegenüber gut 380 Kilogramm, die von den Apollo-Astronauten mitgebracht wurden.

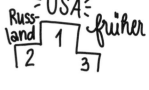

Menschen fliegen zum Mond

Alle Menschen, die jemals den Mond umkreist haben oder auf ihm gelaufen sind, waren Männer aus den USA. Im Gegensatz dazu ist es der Sowjetunion nie gelungen, Menschen auch nur in die Nähe des Mondes zu bringen. Warum? Dazu gibt es vielschichtige Analysen, die tief in die Geschichte beider Länder zurückgehen. Häufig wird angeführt, dass das sowjetische Mondprogramm unter den politischen Voraussetzungen litt, die mangelhafte Koordination und interne Rivalitäten mit sich brachten. Auch der unerwartete Tod des Raumfahrtpioniers Sergei Koroljow gilt als schwerer Rückschlag. Zudem verfügte die Sowjetunion nicht rechtzeitig über die nötige Technik. Kein einziger Start der für die Mondflüge vorgesehenen Rakete N1 glückte und es gab 1969 kein geeignetes Raumschiff, um Kosmonauten zum Mond zu bringen. Schon bald nach dem Erfolg des amerikanischen Apollo-Programms wurden die sowjetischen Mond-Ambitionen stillschweigend begraben. Die USA als Sieger, die Sowjetunion unterlegen – ist es so einfach? Was den Wettlauf zum Mond angeht: ja. Dennoch muss das Fazit

4 – Der Mond als Ziel

aus inzwischen 60 Jahren Raumfahrt insgesamt lauten: Die Internationale Raumstation, der dauerhafte Außenposten der Menschheit im All, konnte nur dank der Zusammenarbeit beider großen Raumfahrtnationen entstehen. Keine hätte allein ein vergleichbares Programm aufbauen und unterhalten können – ganz zu schweigen von den Beiträgen Europas, Japans und Kanadas.

Die Geschichte des erfolgreichen Apollo-Mondprogramms füllt buchstäblich ganze Bücherregale. Die Daten und Abläufe aller Missionen sowie die Namen der Beteiligten sind leicht nachzuschlagen und sollen hier nicht in Gänze wiederholt werden. Schauen wir uns dennoch einige spannende Fakten an:

Apollo 1 ist der nachträglich verliehene Name für einen Flug, der niemals stattfand. 1967 hätten drei Astronauten mit einem frühen Prototypen des Apollo-Raumschiffs um die Erde fliegen und seine Weltraumtauglichkeit testen sollen. Seit Beginn des Programms hatten sie jedoch das Design und die Verarbeitung ihres Gefährts bemängelt und auf Nachbesserungen gedrängt. Doch praktisch alle Raumfahrer dieser Zeit waren Testpiloten des Militärs, die einerseits gefährliche Maschinen gewöhnt waren und andererseits einer Kultur von Draufgängertum und vermeintlicher Männlichkeit anhingen. Die Kritik an der Apollo-Raumkapsel mündete deshalb eher in markigem Humor als in tatsächlichen Änderungen am Raumschiff. Zudem stand das Programm unter Zeitdruck, hatte US-Präsident John F. Kennedy doch im Herbst 1962 verkündet „bis Ende des Jahrzehnts" Astronauten auf den Mond bringen zu wollen. Wenige Wochen vor ihrem geplanten Testflug befanden sich die drei Astronauten Gus Grissom, Ed White und Roger Chaffee für einen „trockenen" Testlauf an Bord ihrer Rakete. Während dieses Tests löste eine elektrische Fehlfunktion ein Feuer im Inneren ihrer Kabine aus. Es gelang nicht rechtzeitig, das Feuer zu löschen oder die Astronauten zu befreien – alle drei kamen ums Leben. Das Entsetzen in der Bevölkerung und der Politik war groß, eine offizielle Untersuchung machte Konstruktionsfehler im Raumschiff und mangelhafte Gefahrenabwehr für den Tod der Astronauten verantwortlich. Doch die Entschlossenheit aller Beteiligten hielt das Apollo-Programm am Leben. Das Raumschiff wurde tiefgreifend umgestaltet und Maßnahmen

Menschen fliegen zum Mond

zur Notfallvorsorge getroffen. Zu Ehren der gestorbenen Astronauten wurde ihr nie gestarteter Flug von „AS-204" in „Apollo 1" umbenannt. Im Zuge dieser nachträglichen Umbenennung wurden die Missionen Apollo 2 und 3 übersprungen. Apollo 4–6 waren unbemannte Tests über die folgenden Monate, darunter auch der erste Start der Mondrakete Saturn V.

Apollo 7 war schließlich im Oktober 1968 jener bemannte Test, der Apollo 1 hätte sein sollen: Drei Astronauten flogen mit dem runderneuerten Apollo-Raumschiff ins All. Nach ganzen 1,5 Wochen in der engen Kapsel wasserten die drei Astronauten im westlichen Atlantik. Während die Technik alle Erwartungen übertraf, blieb von Apollo 7 der bittere Nachgeschmack menschlicher Probleme. Die Mannschaft, allen voran der im All erkrankte Kommandant Wally Schirra, widersprach angesichts großer Belastungen und eines engen Zeitplans mehrmals offen – und für die Ohren der Welt hörbar – den Anweisungen ihrer Vorgesetzten auf der Erde. Apollo 7 wurde damit zum Lehrstück für die Grenzen der Belastbarkeit von Astronauten.

Apollo 8 im Dezember 1968 war als erster Test der Apollo-Mondfähre in der Nähe der Erde vorgesehen. Das bereits erfolgreich getestete Apollo-Raumschiff sollte nämlich für die Flüge zum Mond mit der Apollo-Mondfähre zusammengekoppelt werden und beide Raumschiffe in eine Umlaufbahn um den Mond eintreten. Von dort würden zwei der drei Astronauten mit der Mondfähre auf der Oberfläche landen, während der dritte im Apollo-Raumschiff auf die Rückkehr seiner Kollegen wartete, um schließlich mit ihnen heimzufliegen. Ein Test der Mondfähre war jedoch im Dezember 1968 noch nicht möglich: Der Hersteller konnte nicht rechtzeitig liefern. Gleichzeitig waren die amerikanischen Entscheidungsträger über die raschen Fortschritte des sowjetischen Mondprogramms besorgt. Der Flug von Zond 5 – die Mission mit den Schildkröten – und der bevorstehende Test der Rakete N1 bekräftigten diesen Eindruck. Deshalb wurde entschieden, nicht auf die Mondfähre zu warten, sondern mit dem Apollo-Raumschiff allein ein Zeichen der Überlegenheit zu setzen. Drei Astronauten sollten zum Mond fliegen, ihn mehrmals umkreisen und schließlich zur Erde zurückkehren. Die Mission war ein gewaltiger Erfolg und wurde in ihrer politischen und kulturellen Bedeutung nur noch von der ersten Mondlandung selbst übertroffen. Die drei Astronauten verbrachten Weihnachten beim Mond und richteten per Fernsehübertragung bewegende Weihnachtsgrüße an „Euch alle auf der guten Erde." Während des Fluges von Apollo 8 entstand auch eines der berühmtesten Fotos aller Zeiten: „Earthrise" („Erdaufgang"), ein Blick auf die halb beleuchtete Erde, vorbei an der grauen Mondoberfläche. Das Foto ging in die Geschichte ein und wurde zum Symbol der aufkommenden Umweltbewegung.

Apollo 9 und 10 waren gemeinsame Testflüge des Apollo-Raumschiffs mit der Mondfähre im März bzw. Mai 1969. Während Apollo 9 in der Nähe der Erde blieb, vollführte Apollo 10 beim Mond fast alle Manöver einer Mondlandung – mit Ausnahme der Landung selbst. Beide Missionen waren von guter Stimmung geprägt und galten als voller Erfolg.

Apollo 11 gelang schließlich im Juli 1969 die historische erste Mondlandung. Mit nur zweieinhalb Stunden außerhalb der Mondfähre war der Einsatz von Neil Armstrong und Buzz Aldrin zwar vergleichsweise kurz, dennoch konnten sie gut 20 Kilogramm Gesteinsproben sammeln und eine Reihe von Experimenten aufbauen. Dazu gehörte auch ein besonderer Spiegel mit dem Zweck, Laserstrahlen von der Erde zu reflektieren. Dieses Experiment funktioniert seit 50 Jahren ununterbrochen. Vergleichbare Spiegel wurden bei drei der sechs Apollo-Mondlandungen aufgestellt sowie von den beiden sowjetischen Lunochod-Robotern mitgeführt. Diese Reflektoren lieferten auch den ersten Beweis dafür, dass sich der Mond aufgrund der Gezeitenkräfte um mehrere Zentimeter pro Jahr von der Erde entfernt.

Apollo 12 flog kurz darauf, im November 1969, zum Mond. Nachdem Apollo 11 ein ganzes Stück vom Ziel entfernt heruntergekommen war, sollte Apollo 12 die erste Punktlandung auf dem Mond hinlegen. Das Ziel: Die Sonde Surveyor 3, die 2,5 Jahre zuvor auf dem Mond gelandet war. Eine Schrecksekunde gab es jedoch gleich nach dem Start: Die Rakete wurde kurz nach dem Abheben gleich zweimal vom Blitz getroffen. Ihren Kurs konnte sie danach zwar beibehalten, doch die Datenübertragung zum Boden war abgerissen. Nur dank einer glücklichen Eingebung im Kontrollzentrum gelang es rechtzeitig, den entscheidenden Schalter im

Menschen fliegen zum Mond

Raumschiff-Cockpit umzulegen und die Verbindung wieder herzustellen. Auf dem Mond angekommen, gelang Apollo 12 die erhoffte Punktlandung keine 200 Meter von Surveyor 3 entfernt. In zwei Außeneinsätzen verbrachten die Astronauten fast acht Stunden außerhalb der Mondfähre. Die Stimmung war ausgelassen: Pete Conrad und Alan Bean waren als Spaßvögel unter den Astronauten bekannt und lebten dies auch auf dem Mond aus. Neil Armstrongs Worte beim Betreten der Mondoberfläche sind weltberühmt: Es sei ein kleiner Schritt für einen Menschen, doch ein großer Schritt für die Menschheit. Pete Conrad sagte hingegen: „Wuppie! Junge, das war vielleicht ein kurzer Schritt für Neil, aber für mich war er ganz schön lang!". Mit diesen Worten gewann er eine Wette mit einer Journalistin, die nicht geglaubt hatte, dass Astronauten ihre ersten Worte auf dem Mond selbst wählten. Apollo 12 stellte außerdem ein seismisches Experiment auf dem Mond auf, das mehrere Jahre lang funktionierte. Die Messgeräte beobachteten einerseits schwache, natürliche Mondbeben, die gelegentlich von den Gezeitenkräften ausgelöst werden. Zum anderen registrierten sie menschengemachte Erschütterungen durch zurückgelassene Sprengladungen, den gezielten Einschlag ausgebrannter Raketenstufen oder den Absturz der absichtlich zurückgelassenen Mondfähren. Besonders die Aufzeichnungen dieser größeren Erschütterungen halfen enorm dabei, den Aufbau des Mondes zu verstehen, da ihre Ausbreitung unter der Oberfläche verfolgt werden konnte. Das ermöglichte, erstmals innere Strukturen wie Kern oder Mantel genauer zu untersuchen.

Apollo 13 startete etwa ein halbes Jahr später, im April 1970. Am dritten Tag des Flugs, kurz vor der Ankunft beim Mond, explodierte einer von zwei großen Sauerstofftanks des Apollo-Raumschiffs. Die Stromversorgung versagte und die drei Astronauten mussten in die Mondfähre fliehen, um am Leben zu bleiben. Aus der geplanten Mondlandung wurde im Handumdrehen ein Kampf ums Überleben. In den 3,5 Tagen zwischen Explosion und Rückkehr zur Erde wurden in der viel zu kleinen Mondfähre fast alle lebensnotwendigen Ressourcen gefährlich knapp: Atemluft, Wasser, elektrische Energie, Wärme, Raketentreibstoff. Selbst kurz vor

APOLLO 13 „Houston, wir haben ein PROBLEM"

Eintritt in die Erdatmosphäre war unklar, ob das Raumschiff den zerstörerischen Abstieg überstehen und eine sanfte Landung erlauben würde. Dass die drei Astronauten tatsächlich unbeschadet zurückkehrten, gilt als eine der bemerkenswertesten Leistungen des Apollo-Programms. Übrigens ist der Kinofilm „Apollo 13" meiner Meinung nach eine hervorragend gemachte und ergreifende Erzählung dieses Dramas und dabei – ganz anders als in Hollywood-Filmen üblich – den historischen Fakten und der Physik in beeindruckendem Maße treu.

Apollo 14 holte im Februar 1971 die Landung am ursprünglichen Apollo 13-Landungsort nach: auf dem Fra-Mauro-Hochland, eine rauen Landschaft am östlichen Rand des Oceanus Procellarum. Diese Gegend war geologisch vielversprechend und der Kommandant von Apollo 13, Jim Lovell, war von der Aussicht begeistert gewesen, als erster Mensch das Hochland zu erforschen. Stattdessen lieferte Apollo 14 am gleichen Ort vergleichsweise wenig wissenschaftlichen Mehrwert. Dies wird vielfach auch dem Kommandanten Alan Shepard zugeschrieben. Dieser zeigte wenig Interesse an Geologie und galt als schwieriger Charakter. Auf dem Mond fiel er damit auf, den wichtigsten zu untersuchenden Krater der Mission nicht finden zu können und geologisches Werkzeug umzubauen, um damit Golfbälle über den Mond zu schlagen.

Apollo 15, 16 und 17, zwischen Juli 1971 und Dezember 1972, waren im Gegensatz dazu der wissenschaftliche Höhepunkt des Apollo-Programms. Alle drei Mannschaften hatten vor ihren Missionen zahlreiche geologische Ausflüge quer durch Nordamerika unternommen und mit Jack Schmitt gehörte sogar ein ausgebildeter Geologe zur Crew von Apollo 17 – der erste und bisher einzige Wissenschaftler auf dem Mond. Auf der Mondoberfläche hatten alle drei Missionen mehr Zeit, mehr Messinstrumente und vor allem ein Mondfahrzeug dabei, mit dem sie ein größeres Gebiet nach Boden- und Gesteinsproben absuchen konnten. Die Crew von Apollo 17 allein sammelte mehr Gestein als Apollo 11, 12 und 14 zusammen!

Einen Großteil unseres heutigen Wissens über den Mond verdanken wir dem Apollo-Programm. (Zudem hätte das vorangegangene Kapitel weitaus weniger Tatsachen und viel mehr Spekulationen enthalten.) Doch diese wissenschaftliche Glanzleistung war zugleich das Ende der bemannten Raumfahrt zum Mond. Die geplanten Missionen Apollo 18, 19 und 20 hätten unter anderem junge, prominente Krater wie Copernicus oder Tycho zum Ziel gehabt. Sie fielen Sparmaßnahmen der US-Regierung zum Opfer, die sich schwindendem Interesse an der Raumfahrt und dem immer desaströseren Vietnamkrieg gegenübersah. Von den drei Raketen des Typs Saturn V blieben zwei ungenutzt auf der Erde, während die dritte eine experimentelle Raumstation namens Skylab ins All brachte. Eines der übriggebliebenen Apollo-Raumschiffe flog im Jahr 1975 zur symbolträchtigen Apollo-Sojus-Mission, dem ersten Zusammendocken eines sowjetischen und eines amerikanischen Raumschiffs. Mit diesen Missionen begann die Entwicklung, die in den 80er-Jahren das Space Shuttle, in den 90er-Jahren die Raumstation Mir und in den 2000er-Jahren die ISS hervorbrachte. Dafür hatte ironischerweise schon Mitte der 70er-Jahre die kurze Ära geendet, in der Menschen zum Mond fliegen konnten.

Neue Roboter fliegen zum Mond

Im August 1976 war die Sonde Luna 24 im Mare Crisium gelandet und hatte dort etwa 170 Gramm Mondstaub eingesammelt, der mit einer kleinen Rückkehrrakete in die Sowjetunion gebracht wurde. Damit hatte Luna 24 in mehrfacher Hinsicht das Ende einer Ära eingeläutet: Nach ihr wurde fast 25 Jahre lang keine Sonde zum Mond geschickt und bis zur nächsten sanften Landung auf dem Mond dauerte es über 35 Jahre.

Den Anfang vom Ende dieser langen Durststrecke markierte Japan im Januar 1990 mit seinem ersten Mondflug überhaupt: Eine kleine Forschungssonde namens Hiten führte eine noch kleinere Sonde namens Hagoromo mit sich, welche den Mond umkreisen sollte. Hagoromo versagte jedoch und lieferte keine Daten vom Mond. Daraufhin zeigte die japanische Raumfahrtagentur JAXA der Welt erstmals ihr einzigartiges Improvisationstalent: Die Raumsonde Hiten wurde in einem komplizierten, monatelangen Manöver in eine Mondumlaufbahn gelenkt. Eine unglückselige Tradition war geboren: In den folgenden Jahrzehnten erlitten auch

4 – Der Mond als Ziel

die Asteroiden-Mission Hayabusa und die Venus-Sonde Akatsuki tragische Fehlfunktionen im All. Mit großer Geduld und beeindruckender Kreativität konnten jedoch auch diese Missionen vor einem Fehlschlag bewahrt werden.

Als zweite Mondmission der 90er-Jahre markierte die Raumsonde Clementine im Jahr 1994 das Comeback der NASA. Genauer gesagt war Clementine eine gemeinsame Unternehmung der NASA und des US-Militärs, um neuartige Kameras und Messgeräte für den Einsatz in Spionagesatelliten und zur Raketenabwehr zu testen – und nebenbei den Mond zu erforschen. Der halb-militärische Charakter der Mission sorgte für einiges Stirnrunzeln und macht sie bis heute zum Gegenstand bizarrer Verschwörungstheorien. Dennoch lieferte Clementine eine Fülle wertvoller neuer Daten über den Mond und gilt als Beweis dafür, dass vergleichsweise einfache Sonden für wenig Geld großen wissenschaftlichen Nutzen bringen können. In jüngeren Jahren besuchten noch einige weitere Raumfahrtagenturen den Mond: Zwischen 2003 und 2008 brachten Europa, China und Indien ihre jeweils erste erfolgreiche Mond-Sonde auf den Weg.

Doch bevor wir weiter auf die einzelnen Raumsonden eingehen, sei die Frage erlaubt: Was haben diese Missionen eigentlich Neues gebracht? Immerhin sind schon in den 70er-Jahren Menschen auf dem Mond herumgelaufen und haben zentnerweise Gestein zur Erde gebracht. Was soll man darüber hinaus mit Robotern in einer Mondumlaufbahn noch Neues lernen? Eine gute Frage, auf die es mehrere spannende Antworten gibt. Raumsonden können Orte erkunden, die nie von Menschen besucht wurden, und haben einen Überblick über riesige Gebiete. Sie können mit Hilfe spezieller Instrumente außerdem auch unsichtbare Eigenschaften des Mondes aufdecken. Ein konkretes Beispiel dafür ist das riesige Südpol-Aitken-Becken auf der Mondrückseite. Dessen tatsächliche Form ist erst seit der Clementine-Mission bekannt. Mit einer Kombination verschiedener Messmethoden gelang es ab 1994, die Höhe der Landschaft auf beinahe der gesamten Mondoberfläche zu vermessen. Zwar war schon in den 1960er-Jahren bekannt, dass Teile der Mondrückseite deutlich tiefer liegen, doch auf den einfachen Fotos der damaligen Mond-Sonden

Neue Roboter fliegen zum Mond

war das Becken mit seiner enormen Größe kaum ersichtlich. Höhenmessungen der Apollo-Raumschiffe hatten nur die Umgebung des Äquators untersuchen können – und damit den größten Teil des Beckens verpasst. Erst der globale Höhen-Überblick von Clementine zeigte, dass das Südpol-Aitken-Becken ein Tausende Kilometer großes, viele Kilometer tiefes Gebiet ist, das die gesamte Südhälfte der Mondrückseite dominiert. Seitdem haben verschiedene Mond-Sonden mit Laser-Abstandsmessungen immer genauere Höhenprofile des Mondes erstellt. Die höchsten und tiefsten Punkte der Mondoberfläche, wie wir sie im dritten Kapitel erforscht haben, stammen übrigens aus Daten der NASA-Mission Lunar Reconnaissance Orbiter von 2010. Doch nicht nur seine Form, sondern auch seine Zusammensetzung macht das Südpol-Aitken-Becken für Forscher interessant. Selbst ohne Bodenproben einzusammeln, können Raumsonden nämlich Hinweise darauf gewinnen, aus welchen Elementen der Mondboden besteht. Dies gelingt mit einer Messmethode namens Spektroskopie. Dabei werden grob gesagt die verschiedenen Wellenlängen – also Farben – des Lichts untersucht, die Kameras von der Mondoberfläche einfangen. Aus den Farbwerten und deren speziellen Eigenschaften, die durch die Oberfläche zustande kommen, lässt sich dann auf ihre Zusammensetzung schließen. Dieses Prinzip können wir schon leicht anhand von Satellitenbildern der Erde nachvollziehen, auf denen sich rötlich-gelbe Wüsten deutlich von grünen Wäldern Mitteleuropas unterscheiden.

> Ein besonders eindrucksvolles Beispiel finden Sie übrigens auf aktuellen Satellitenbildern des nördlichen Niedersachsen. Dort, etwa auf halber Strecke zwischen Hamburg und Bremerhaven, sticht ein grellroter Fleck ins Auge: Es ist die Rotschlamm-Deponie der Firma Aluminiumoxid-Werke Stade. Verantwortlich für die Farbe ist Eisenoxid – dieselbe Verbindung, die Rost rot macht.

Auf dem Mond gibt es stattdessen Metalle und Mineralien, welche die Spektroskopie auch aus der Ferne erkennen kann. Anhand von Bodenproben der Apollo-Missionen konnten solche Beobachtungen sogar überprüft werden. Spektroskopische Messungen gelten deshalb auch für jene Landschaften auf dem Mond als zuverlässig, die kein Mensch je besucht hat. Beim Südpol-Aitken-Becken zeigen solche Messungen, dass die Mondoberfläche dort aus einer Mischung von Mineralien besteht, die sich deutlich vom Rest des Mondes unterscheidet – immerhin soll das Becken das Resultat eines gewaltigen Einschlags sein. Könnte dieser Einschlag die Mondkruste durchschlagen und Material aus dem Mondmantel freigelegt haben? Das wäre eine Sensation, denn uraltes Gestein aus dem Inneren des Mondes wäre von unschätzbarem Wert für unser Verständnis von der Frühzeit des Sonnensystems. Kein Wunder, dass Bodenproben aus dem Südpol-Aitken-Becken ganz oben auf der Wunschliste aller Mondforscherinnen stehen. Wie wir im nächsten Kapitel sehen werden, könnte dieser Wunsch schon bald in Erfüllung gehen.

Ein weiteres Beispiel liegt auf der Mondvorderseite: Im Jahr 1998 startete die NASA-Sonde Lunar Prospector zum Mond. Sie kartierte beim Umkreisen des Mondes unter anderem das Vorkommen jener Strahlung, die beim Zerfall des radioaktiven Metalls Thorium entsteht, und erstellte eine Karte für den gesamten Mond. Diese Karte brachte unerwarteten Schwung in die alte Frage nach dem Großen Bombardement. Kritiker dieser Idee entgegnen heute, die Apollo-Gesteinsproben könnten schlicht von einem einzigen Ereignis zeugen, dessen Spuren weit über die Mondvorderseite verteilt sind: nämlich jenem gewaltigen Einschlag, der das Imbrium-Becken erzeugte. Hier kommt die Thorium-Karte des Lunar Prospector ins Spiel. Ihr zufolge findet sich nämlich besonders viel Thorium ausgerechnet dort, wo auch der Auswurf des Imbrium-Beckens vermutet wird – und sonst nirgendwo auf dem Mond! Das ist ein starkes Indiz dafür, dass alle Apollo-Gesteinsproben tatsächlich zufällig aus dieser besonderen Gegend stammen und damit keinesfalls repräsentativ für den ganzen Mond sein könnten. Es ist ein bisschen so, als hätten Außerirdische mehrmals Bodenproben der Erde genommen, aber dum-

Neue Roboter fliegen zum Mond

merweise immer die Gehwegplatten vor einer Freibad-Imbissbude erwischt. Aus ihren Daten könnten die Außerirdischen – fälschlicherweise! – schlussfolgern, die Erdkruste bestünde im Wesentlichen aus Beton, Chlorwasser und Mayonnaise.

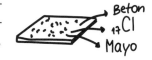

Eine weitere interessante Mondlandschaft sind die Pole. Aufgrund ihrer Nähe zur Drehachse gibt es an den Polen Bergspitzen, die fast immer im Sonnenlicht liegen, andererseits aber auch Krater, deren Boden niemals das Sonnenlicht sieht. Besonders diese ewigen Schatten haben es Forschern angetan: die ESA-Sonde SMART-1, die Europas ersten Ausflug zum Mond markierte, die japanische Mond-Sonde Kaguya/SELENE, die chinesische Mond-Premiere Chang'e 1, Indiens erste Mondmission Chandrayaan 1 und die bis heute aktive NASA-Sonde Lunar Reconnaissance Orbiter widmeten sich der dort ewigen Finsternis. Mit verschiedensten Messmethoden ergaben alle Missionen, dass in der bitterkalten Dunkelheit große Vorkommen von Wassereis lagern. Mit ausgefuchsten Radar-Untersuchungen hatten zwar schon Clementine im Jahr 1994 und Lunar Prospector (1998) Hinweise auf Wasserstoffatome in Polarkratern entdeckt, doch die Newcomer-Sonden aus Europa, Japan, China und Indien lieferten schließlich die Belege für polare Eisvorkommen. Ein besonders schlagender Beweis kam zuletzt von der NASA-Sonde LCROSS, die 2009 gemeinsam mit dem Lunar Reconnaissance Orbiter gestartet war. LCROSS flog in Richtung des Mond-Südpols, um dort in einem ewig schattigen Krater einzuschlagen. Kurz vorher löste sich LCROSS von ihrer ausgebrannten Rakete und folgte ihr im Abstand von wenigen Minuten. So konnte sie zunächst den Einschlag aus der Ferne beobachten und dann durch die hinausgeschleuderte Wolke von Geröll fliegen – in der sie unmissverständliche Spuren von Wassereis registrierte und zur Erde funkte. Woher kommt dieses Wasser? Eine heute weitverbreitete Annahme ist, dass es von Kometen – dreckigen Schneebällen aus dem äußeren Sonnensystem – auf den Mond gebracht wurde. Im Prinzip können Kometen überall auf dem Mond einschlagen. Ihr Wasser wird dann in der Regel von der Sonne verdampft und entweicht als dünnes Gas ins All. Doch in der Nähe der Pole könnte das Wasser festgehalten werden. In einigen Polarkratern herrschen nämlich dauerhaft Tempe-

4 – Der Mond als Ziel

raturen von bis zu −240 °C. Diese Gegenden heißen deshalb Kältefallen (englisch „cold traps").

Ein letztes Beispiel ist eine jüngst erforschte unsichtbare Eigenschaft des Mondes, die sogenannten Mascons – englisch abgekürzt für Massenkonzentrationen. Dabei handelt es sich um Stellen auf dem Mond, an denen das Gestein deutlich dichter ist und damit eine stärkere Schwerkraftwirkung als seine Umgebung hat. Ich stelle mir diese Mascons gern wie große Nussstücke in einem Kuchen vor: Man rechnet mit einem einheitlich fluffig-weichen Teig und beißt plötzlich auf eine von außen unsichtbare, dichte Nuss. Für Raumsonden in einer niedrigen Mondumlaufbahn sind diese Mascons tatsächlich eine echte Gefahr. Sie wirken wie unsichtbare Schlaglöcher in der Schwerkraftwirkung des Mondes und können Umlaufbahnen in kürzester Zeit empfindlich stören. So mussten beispielsweise die Astronauten von Apollo 15 nach ihrer Ankunft beim Mond früher als geplant aus dem Schlaf geweckt werden, um ihre Umlaufbahn zu korrigieren. Über Nacht war ihr Raumschiff nämlich um mehrere Kilometer tiefer in Richtung der Mondoberfläche gesunken, als man zuvor ausgerechnet hatte. Zum Ende der Mission setzte Apollo 15 noch einen kleinen Satelliten namens PFS-1 aus, eine Miniatur-Forschungssonde ohne eigene Triebwerke. PFS-1 umkreiste munter monatelang den Mond und lieferte wie gewünscht Daten. Als jedoch einige Monate später Apollo 16 die Schwestersonde PFS-2 aussetzte, fiel diese in kürzester Zeit den Mascons zum Opfer. Im Jahr 2011 startete die NASA daher die Mondmission GRAIL, um das Schwerefeld des Mondes genau zu kartieren und den Ursprung der Mascons aufzuklären. GRAIL war die lunare Variante einer faszinierenden Forschungsmission namens GRACE, die vom Deutschen Geoforschungszentrum in Potsdam entwickelt worden war, um das Schwerefeld der Erde zu überwachen. Das Prinzip von GRAIL: zwei identische Raumsonden kreisen im Abstand von rund 200 Kilometern hintereinander auf einer niedrigen Mondumlaufbahn. Überqueren sie dabei Krater, Berge oder eben Mascons, änderte sich aufgrund der örtlich verschiedenen Schwerkraftwirkung der Abstand zwischen beiden Sonden. Diese Abstandsänderungen wurden per Funk auf weniger als einen Zehn-

Neue Roboter fliegen zum Mond

tausendstel Millimeter pro Sekunde genau überwacht, woraus sich eine präzise Mond-Schwerkraft-Karte erstellen ließ. GRAIL kartierte so nicht nur alle „Schwerkraft-Schlaglöcher", sondern brachte auch gleich die Lösung des Rätsels: Nur entlang von vier stabilen Gürteln um den Mond (englischer Spitzname „frozen orbits") kann eine Sonde ohne eigene Triebwerke für längere Zeit eine niedrige Umlaufbahn halten. Der von Apollo 15 ausgesetzte Satellit PFS-1 war zufällig auf einem solchen Gürtel unterwegs. PFS-2 war das nicht – und damit von Beginn an einem baldigen Absturz geweiht. Außerdem konnte GRAIL den Ursprung der Mascons aufklären: Sie sind durch gewaltige Einschläge in der Frühzeit des Mondes entstanden, als dieser noch sehr heiß war. Beim Abkühlen des Gesteins, das durch einen Einschlag geschmolzen war, bildeten sich die Mascons, die daher vor allem im Zentrum einiger Maria und Krater zu finden sind.

Zum Schluss sei noch die chinesische Landesonde Chang'e 3 (benannt nach der chinesischen Mondgöttin) erwähnt, der im Dezember 2013 die erste sanfte Mondlandung seit 1976 gelang. Nach dem Aufsetzen im Mare Imbrium, knapp südlich der wunderschönen Sinus Iridium (Regenbogen-Bucht), setzte Chang'e 3 außerdem noch das kleine Landefahrzeug Yutu aus. Yutu, benannt nach dem Begleiter der Mondgöttin – dem auf dem Mond lebenden „Jade-Hasen" –, kam nur rund 100 Meter weit, ehe die Kälte der Mondnacht ihm so stark zusetzte, dass er nicht weiterfahren konnte. Trotzdem bestand noch einige Monate lang Funkkontakt und Yutu konnte beeindruckend scharfe Fotos von der Mondoberfläche übertragen. Und überhaupt: Endlich wieder Mondlandungen! Mich persönlich hat es sehr bewegt, Bilder von der Mondoberfläche bestaunen zu dürfen, die zu meinen Lebzeiten entstanden sind. Daher dürfte es niemanden wundern, dass in meinem Arbeitszimmer ein großer Ausdruck eines Mondfotos von Yutu hängt – immerhin eine der ersten digitalen Aufnahmen, die jemals auf dem Mond entstanden.

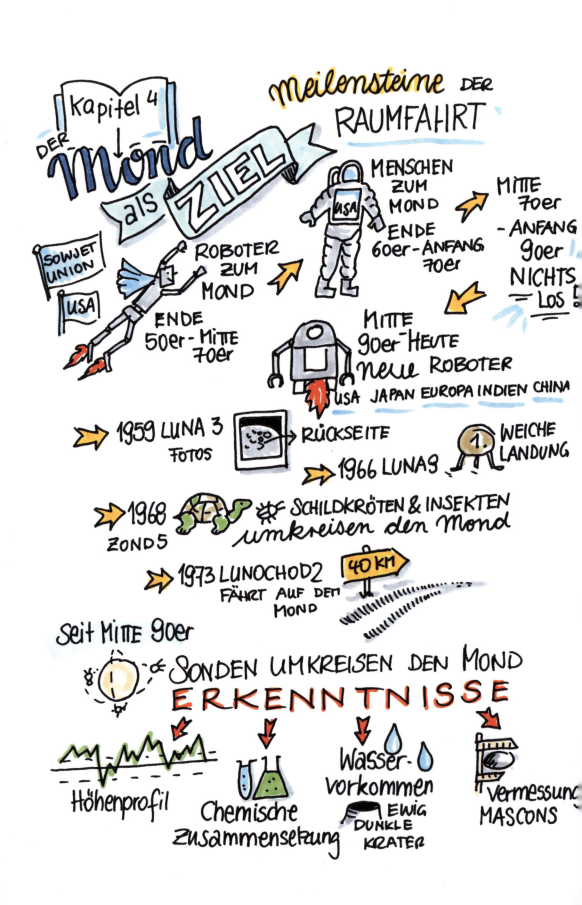

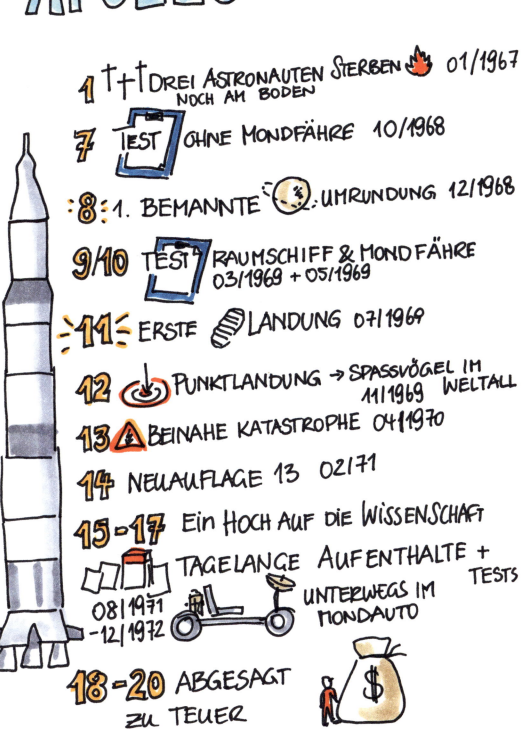

Der Mond der Zukunft

5 – Der Mond der Zukunft

Im Radio spreche ich gelegentlich über aktuelle Themen aus Astrophysik und Raumfahrt. Bei einem dieser Termine ging es um die Bemühungen der USA, mit privaten Raumschiffen endlich wieder Menschen ins All zu bringen. Bereit, über die einzelnen Firmen und ihre Zeitpläne zu sprechen, brachte mich die erste Frage der Moderatorin aus dem Konzept: „Stimmt es wirklich, dass zur Zeit niemand zum Mond fliegen könnte?" Ja natürlich, dachte ich, was für eine kuriose Frage, das ist doch schon mein ganzes Leben lang so. Der Gedanke „Mond? Haben wir, können wir." liegt nahe – ist aber weit gefehlt. Vergleichen wir die Mond-Raumfahrt mit der Seefahrt zu einem unbekannten Kontinent, zu dem wir mit Segelbooten Menschen und Fracht bringen können: In Anlehnung an das Apollo-Programm würden wir ein paar Schiffe bauen und damit vor den Küsten hin und her fahren, ohne jedoch zu landen. Schließlich setzt ein Segelschiff ein kleines Ruderboot ab, aus dem an der Küste zwei Seefahrer springen, ein paar Handvoll Sand und Steine ins Boot werfen und hastig zurück rudern. Nach ein paar Ausflügen dieser Art hören wir auf, Segelboote zu bauen, stellen die letzten Exemplare ins Museum, werfen die Konstruktionspläne weg und lehnen uns zurück, zufrieden mit der Eroberung unseres neuen Kontinents.

Wenden wir uns daher nun den Fragen zu, ob und wenn ja, mit welchem Nutzen Menschen in absehbarer Zeit zum Mond zurückkehren. Dabei möchte ich nicht chronologisch vorgehen, sondern mit dem beginnen, was uns die Physik über die ferne Zukunft vorhersagt.

In einigen Jahrmillionen

Wie wir im dritten Kapitel gelernt haben, sorgen die Gezeitenkräfte zwischen Erde und Mond für immer längere Tage und einen immer größeren Abstand zwischen den beiden Himmelskörpern (siehe S. 81). So entfernt sich der Mond jedes Jahr um 3,8 Zentimeter von der Erde, während unsere Tage um 0,00002 Sekunden länger werden. Die Entfernung zum Mond lässt sich mit den im vierten Kapitel angesprochenen Laser-Reflektoren (siehe S. 96) präzise verfolgen. Auch die Erddrehung wird heute auf verschiedenen Wegen mit großer Genauigkeit gemessen.

In einigen Jahrmillionen

Um in die Zukunft zu blicken sind für uns jedoch Aufzeichnungen der Tageslänge aus der fernen Vergangenheit interessant – in Form versteinerter Korallen. Sie tragen Spuren der Zeit, die sowohl den Verlauf der Jahre als auch der Tage festhalten. Untersuchungen solcher Korallen aus der Zeit vor etwa 400 Millionen Jahren haben gezeigt, dass ein Jahr damals rund 400 Tage hatte – jeder Tag damit nur 22 Stunden. Auch Vermessungen alter Gesteinsablagerungen bestätigen, dass sich die Länge eines Tages über mehrere Hundert Millionen Jahre um einige Stunden verändert. Einen 25-Stunden-Tag können wir demnach etwa in 200 Millionen Jahren erwarten. Wird dann also die Erde eines Tages still stehen und der Mond auf Nimmerwiedersehen davon geflogen sein? Nein, das wird nicht passieren. Stattdessen ergeben Berechnungen, dass sich für Erde und Mond ein stabiler Endzustand einstellen wird. Beide haben dann einen festen Abstand zueinander, der etwa um die Hälfte größer wäre als heute. Erde und Mond werden *beide* eine gebundene Rotation um den jeweils anderen Körper vollführen; bisher kennen wir das nur vom Mond, der uns immer dieselbe Seite zuwendet. In ferner Zukunft wäre der Mond von einer Hälfte der Erde aus immer am Himmel zu sehen und von der anderen niemals. Gleichzeitig wäre ein Tag genauso lang wie ein Monat und somit über 1000 Stunden bzw. 50-mal so lang wie heute. Schätzungen, wann sich dieser Zustand eingestellt haben wird, gehen weit auseinander und bewegen sich zwischen drei und 15 Milliarden Jahren.

Bis dahin wird die Entwicklung des Sonnensystems jedoch längst von tiefgreifenden Veränderungen der Sonne bestimmt sein. In der Zwischenzeit haben wir noch eine lange und spannende Zeit mit dem Mond vor uns. Das sieht eine alte Bekannte übrigens genauso ...

5 – Der Mond der Zukunft

> ARBEITSNOTIZEN DER MONA LUND – FREITAG, 14:06 UHR:
> Bin gerade dem Kollegen von der Erde über den Weg gelaufen, der auch nach Hause wollte. Er schien etwas geknickt und hat mir erzählt, beim Gedanken an die nächste Woche würde ihm mulmig. Ich weiß, was er meint: Die Sonne wird langsam ausbrennen und sich spätestens am Mittwoch zum Roten Riesen aufblähen. Am Freitag ist sie dann endgültig zum Weißen Zwerg geschrumpft und wir werden uns neue Sonnensysteme suchen müssen. Da kam mir die Idee: Wir könnten den Abend bei unseren Himmelskörpern verbringen! Der Kollege hat nämlich ausgerechnet, dass sich das Schicksal des Lebens auf seiner Erde zwischen dem frühen Abend und Mitternacht entscheiden wird. Ich kann mir kein aufregenderes Abendprogramm vorstellen!

In unserem Jahrhundert

Kommen wir nun von der fernen Zukunft zurück in jene Zeit, die wir noch selbst erleben können: die kommenden Jahre und Jahrzehnte. Unzählige Visionen drehen sich um eine Zukunft der Menschheit im All. Für mich ist Science Fiction nicht bloß Träumerei, sondern ein wichtiger Weg, sich mit der Zukunft auseinanderzusetzen. Sie ermöglicht uns, die physikalischen, kulturellen und ethischen Folgen technischer Fortschritte – oder Rückschritte! – zu diskutieren, ehe sie eintreten. Robert A. Heinlein lässt einen ganzen Roman auf dem Mond spielen, der auf Deutsch unter den Titeln *Revolte auf Luna* oder *Der Mond ist eine herbe Geliebte* erschienen ist. Auch Frank Schätzing hat mit *Limit* einen ausladenden Mond-Thriller geschrieben. Gute Science Fiction erzählt nicht einfach von einer Welt, in der die Technik alle Probleme gelöst hat, sondern davon, wie die Menschheit all ihre Sorgen, Nöte und Laster ins All mitnimmt. Das genieße ich besonders an den hervorragenden Büchern von Kim Stanley Robinson und der Romanreihe *The Expanse* von James S. A. Corey. In diesem Buch möchte ich mich jedoch an Ideen halten, die auf erprobte Technik setzen und in absehbarer Zeit umsetzbar sind.

Da wäre zum einen die Erkundung des Mondes selbst. Nach dem zwar sehr erfolgreichen Apollo-Programm gibt es auch heute noch offene Fragen. Diese könnten im Prinzip auch von Robotern auf dem Mond geklärt werden, doch eine geübte Geologin könnte ihm dank ihrer Erfahrung und Flexibilität in kürzester Zeit ein Vielfaches an Wissen entlocken. Dabei werden nicht nur ein paar Lücken im Geschichtsbuch des Sonnensystems gefüllt: Der Mond ist als Mini-Gesteinsplanet ein enger Verwandter unserer Erde und hilft uns, unseren eigenen Lebensraum – vom Erdkern bis zum schützenden Erdmagnetfeld – besser zu verstehen.  Doch auch die Erforschung ferner Sterne und des Universums an sich könnte auf dem Mond entscheidend vorankommen. Schon lange gibt es die Idee, Teleskope auf dem Mond aufzubauen – ohne störende Erdatmosphäre, die viele Signale aus dem All verschluckt und Bilder verzerrt, und in geringerer Schwerkraft, die den Bau sehr großer Teleskope ermöglichen würde. Besonderen Charme hätte ein Radioteleskop auf der Rückseite des Mondes, wo es vor der Radiostrahlung, die wir Menschen unablässig von der Erde aussenden, abgeschirmt wäre. Denn im Gegensatz zu unserer eigenen, ist Radiostrahlung aus dem All für die Erforschung des Universums sehr interessant. Die Erfahrung mit Weltraumteleskopen auf Satelliten hat allerdings gezeigt, dass dennoch Menschen nötig sind: So musste z. B. das Hubble-Weltraumteleskop mehrmals von Astronauten repariert und überholt werden. Dank dieser Pflege gehört es seit 25 Jahren zu den leistungsstärksten und wichtigsten Instrumenten der gesamten Astronomie.

Die nächste Frage muss daher lauten: Wie könnten Menschen auf dem Mond arbeiten? Um – im Gegensatz zu den Apollo-Missionen – wirtschaftlich machbar zu bleiben, werden heute dauerhaft besetzte Mond-Außenposten geplant. Solche sogenannten Habitate müssten allerdings zwei wichtige Voraussetzungen erfüllen: Schutz vor den enormen Temperaturschwankungen zwischen der Mondnacht und dem Mondtag sowie Schutz vor kosmischer Strahlung, die mangels Magnetfeld unvermindert auf den Mond einprasselt. Beides könnte mit einem Habitat unter der Mondoberfläche erreicht werden. So tief zu graben ist allerdings ein großer Aufwand.  Alternativ ließe sich ein Habitat in einem bestehenden Krater platzieren, der nur noch zugeschüttet wird. Eine andere Möglichkeit bieten die jüngst entdeckten eingestürzten Lavaröhren, englisch „skylight", für Oberlicht oder Dachfenster. Sie könnten schon von sich aus stabilere Temperaturen und Schutz vor Strahlung bieten. Doch ein Außenposten muss auch versorgt werden und zwar mit Atemluft, Energie, Wasser und Nahrung. Energie lässt sich mit Solarpanels gewinnen, wie es auch auf der ISS passiert. Aufgrund der langen Mondnacht wären jedoch gewaltige Batterien als Zwischenspeicher nötig. Ständig Versorgungsgüter zum Mond zu schicken wäre zudem enorm teuer. Das wichtigste Gut ist dabei Wasser. Doch das ist schwer und für Raketen gilt: Gewicht ist Geld. Auf der ISS arbeitet bereits ein Recyclingsystem, das rund 80 Prozent des verbrauchten Wassers wieder zu Frischwasser macht, aber ganz ohne Nachlieferungen geht es auch dort nicht. Eine geschickte Standortwahl auf dem Mond könnte zumindest in der Theorie viele dieser Probleme lösen: die Polregionen. Dort gibt es einerseits Bergspitzen, die fast ununterbrochen im Sonnenlicht liegen und damit der perfekte Ort für Solarpanels wären. Zum anderen gibt es dort Krater im ewigen Schatten, in denen große Mengen Wassereis lagern. Könnte man dieses Eis abbauen, hätte man ein halbes Dutzend Probleme auf einen Schlag gelöst: Wasserlieferungen von der Erde wären nicht mehr nötig, mit Hilfe elektrischer Energie kann man das Wasser außerdem in Wasserstoff und Sauerstoff aufspalten. So gewinnt man nicht nur Sauerstoff zum Atmen, sondern auch Wasserstoff als Energiespeicher. Beide Elemente können in einer Brennstoffzelle wieder elektrische Energie erzeugen. Außerdem sind Wasserstoff und Sauerstoff die Grundlage für Raketentreibstoff – so ließen sich Raketen auf dem Mond auftanken, was große Kosteneinsparungen bedeuten könnte. Nicht zuletzt kann Wasser – z. B. in einem Vorratstank, der das Habitat umgibt – auch dem Strahlenschutz dienen. Dieses Prinzip ist aus Abklingbecken in Kernkraftwerken bekannt.

Aber reicht das Wasser an den Polen überhaupt aus, um dort nachhaltig einen Außenposten zu betreiben? An zu wenig Eis dürfte dieser Plan nicht scheitern, denn die Vorräte werden auf etliche Millionen Tonnen geschätzt. Doch die Gewinnung und Aufarbeitung des Wassers ist bislang nie erprobt worden und müsste sich erst in der Praxis bewähren. Passend

In unserem Jahrhundert

zu dieser Herausforderung bewirbt Jan Wörner, Generaldirektor der Europäischen Raumfahrtagentur ESA, seit einigen Jahren die Vision eines „Moon Village", eines Mond-Dorfs. Gemeint ist damit die internationale Zusammenarbeit auf dem Mond nach dem Vorbild der ISS. Das Mond-Dorf soll offen für staatliche und kommerzielle Raumfahrtprogramme sein und laut Wörner vor allem den Geist der länderübergreifenden Kooperation auf dem Mond beflügeln.

Apropos Mondressourcen: Oft wird davon gesprochen, dass Helium-3, eine seltene Variante des bekannten Edelgases, auf dem Mond abgebaut werden könnte. Tatsächlich dürfte dieses Heliumisotop dort viel stärker vertreten sein als auf der Erde, denn der Mond bekommt es als Teil des Sonnenwinds „geliefert". Aufgrund des Erdmagnetfelds, das uns vor dem Sonnenwind abschirmt, müssen wir Erdbewohner auf diese Lieferung verzichten. Im Gespräch ist Helium-3 als Treibstoff für Fusionsreaktoren. Zwar herrscht Einigkeit darüber, dass die Nutzung von Fusionsenergie physikalisch möglich ist und es sind mehrere Forschungsreaktoren im Bau, doch noch gibt es keinen handfesten Beweis für die technische Machbarkeit, geschweige denn einen Markt für Treibstoff vom Mond.

Neben einem Außenposten auf der Oberfläche könnte der Mond auch im All eine nützliche Station ermöglichen. Verteilt um Erde und Mond gibt es nämlich fünf sogenannte Lagrange-Punkte, an denen sich – stark vereinfacht gesagt – die Schwerkraft von Erde und Mond die Waage halten. Satelliten und Raumstationen können an diesen Punkten relativ zu Erde und Mond beinahe stillstehen. Einer dieser Punkte, genannt L_1, liegt von der Erde aus gesehen kurz vor dem Mond, sodass eine Station an diesem Punkt als Logistik-Basis und „Raststätte mit Raketentreibstoff-Tankstelle" dienen könnte. Außerdem wäre sie ein guter Ausgangspunkt für einen Service, den es bisher nicht gibt, der aber langfristig viele Kosten und Ressourcen einsparen könnte: die Reparatur, Überholung und Entsorgung geostationärer Satelliten. Ein energischer Verfechter dieser Ideen war der amerikanische Geologe und Mondforscher Paul Spudis. Er mischte jahrzehntelang an der Spitze der Mondforschung mit, hat zahllose Vorträge gehalten und Bücher geschrieben, mit großem Eifer

5 – Der Mond der Zukunft

Informationen und Lehrmaterial kostenlos im Internet veröffentlicht und auf seinen lebhaften Blogs aktiv mit interessierten Leserinnen diskutiert. Auch bei meinen Recherchen habe ich vielfach von seiner Arbeit profitiert. Bedauerlicherweise ist Paul Spudis im August 2018 im Alter von 66 Jahren gestorben. Seine Vorträge, Forschungsarbeiten, Bücher und meinungsstarken Blogposts stehen aber weiterhin allen Interessierten frei zur Verfügung.

Im nächsten Jahrzehnt

Was erwartet uns in der nächsten Zeit? Naturgemäß ist diese Frage schwierig zu beantworten. Die Raumfahrt macht es uns jedoch ein bisschen einfacher, denn sie erfordert für alle Aktivitäten lange Vorbereitungszeiten. Raketen, Sonden und Raumschiffe, die heute schon bezahlt, gebaut und getestet sind, können wahrscheinlich in den nächsten Jahren starten. Was allerdings heute noch nicht bezahlt, gebaut oder getestet ist, wird mit großer Wahrscheinlichkeit noch Jahre bis zu einem erfolgreichen Flug benötigen.

Werfen wir deshalb zunächst einen Blick auf jene Raumsonden, die schon beinahe startbereit sind. Da wäre eine chinesische Sonde, die schon auf dem Mond stehen könnte, wenn dieses Buch (Stand Oktober 2018) aus der Druckerei kommt: Chang'e 4. Sie soll im Dezember 2018 starten und im Südpol-Aitken-Becken landen, um dann, genau wie Chang'e 3, ein kleines Roboterfahrzeug auszusetzen. Es wäre die erste Landung auf der Mondrückseite der Geschichte. Um dort Kontakt mit der Sonde zu halten, hat China bereits Mitte 2018 einen Kommunikationssatelliten in einem Lagrange-Punkt hinter dem Mond platziert. Im Laufe des Jahres 2020 soll dann Chang'e 5 im Oceanus Procellarum landen, um erstmals seit 1976 wieder Mondgestein zur Erde zu bringen. Indiens zweite Mond-Mission Chandrayaan 2 könnte ebenfalls schon starten, während dieses Buch im Druck ist. Das russische Comeback zum Mond nach fast 50 Jahren ist mit der Mission Luna 25 für die frühen 2020er-Jahre geplant. Zudem sind für die nächsten Jahre diverse robotische Mondlandungen privater Unternehmungen angekündigt, die aus dem Wettbewerb Google Lunar X-Prize hervorgegangen sind. Nach mehrfacher Verlän-

Im nächsten Jahrzehnt

gerung endete dieser Wettbewerb im März 2018 ohne Gewinner. Einige Wettbewerber wollen trotzdem ihre bereits weit fortgeschrittenen Entwicklungen im Laufe der kommenden Jahre zum Mond bringen. Aus Deutschland mischt das 2008 gegründete Team PTScientists mit, dessen Mondflug von diversen großen Unternehmen gesponsert werden soll. Nach dem Flug zum Mond mit einer SpaceX-Rakete soll ein Landeroboter mit Vodafone-Werbung ein Roboterfahrzeug mit Audi-Werbung aussetzen, das zwischen den Überresten der Mission Apollo 17 herumfährt – eine Vorstellung, die ich zugegebenermaßen nur schwer mit meinem würdevollen, traditionsreichen Bild der Raumfahrt vereinbaren kann.

Roboter schön und gut, aber wann fliegen endlich wieder Menschen zum Mond? Für Prognosen bezüglich einer Landung ist es noch viel zu früh, denn bislang ist keine einzige Landefähre konstruiert, geschweige denn getestet worden. Für einen Vorbeiflug am Mond gibt es jedoch drei ernst zu nehmende Kandidaten: die NASA, das Privatunternehmen SpaceX und das chinesische Raumfahrtprogramm. Sie alle haben gute Chancen, im Laufe der 2020er-Jahre Astronautinnen und Astronauten zum Mond zu bringen. Dafür entwickelt die NASA seit einigen Jahren die neue Schwerlast-Rakete Space Launch System, kurz SLS. Zeitgleich wird ein neues Raumschiff namens Orion gemeinsam mit der Europäischen Raumfahrtagentur ESA gebaut. SLS und Orion sollen dann um den Mond fliegen – einmal ohne Menschen und dann mit Besatzung. Zusätzlich will die NASA eine kleine Raumstation mit dem Spitznamen Gateway in einer weiten Umlaufbahn um den Mond aufbauen. Nach aktuellen Planungen soll all dies zwischen Anfang und Mitte der 2020er-Jahre geschehen – Verzögerungen wären jedoch keine Überraschung. Das Privatunternehmen SpaceX hat erstmals im Februar 2017 angekündigt, Menschen bis Ende 2018 zum Mond bringen zu wollen. Dieser kaum ernst gemeinte Zeitplan wurde Mitte 2018 offiziell aufgegeben; die dafür vorgesehene Rakete Falcon Heavy hat bisher erst einen mäßig erfolgreichen Testflug hinter sich, während das Raumschiff Dragon 2 noch kein einziges Mal geflogen ist. Wenig später kündigte das Unternehmen an, stattdessen

5 – Der Mond der Zukunft

bis 2023 einen japanischen Textilunternehmer mit einer noch in Konstruktion befindlichen Kombination aus Rakete und Raumschiff auf eine Umrundung des Mondes zu schicken. Das chinesische Raumfahrtprogramm hat seit seinem ersten bemannten Flug im Jahr 2003 enorme Fortschritte gemacht. Ab 2011 waren zwei kleine chinesische Raumstationen jeweils einige Jahre lang im All und wurden dort gelegentlich von mehreren Menschen besucht. Chinas erklärtes Ziel für die kommenden Jahre ist eine große Raumstation nach dem Vorbild der Mir oder der ISS. Die Teilnahme an internationalen Unternehmungen wie der ISS ist der chinesischen Raumfahrt absurderweise bislang versperrt, da es der NASA per US-Gesetz verboten ist, mit China zusammenzuarbeiten. Die Europäische Raumfahrtagentur ESA knüpft hingegen immer mehr Kontakte nach China. Im Jahr 2017 nahmen die ESA-Astronauten Matthias Maurer aus Deutschland und Samantha Cristoforetti aus Italien gemeinsam mit chinesischen Astronauten an einem Überlebenstraining in China teil. In einem Interview mit dem AstroGeo-Podcast zeigte sich Matthias Maurer im folgenden Jahr beeindruckt von den Fortschritten und der Zielstrebigkeit des chinesischen Raumfahrtprogramms, das sich eine Mondlandung bis 2030 vorgenommen hat. Seiner Einschätzung nach wäre es nicht verwunderlich, wenn die erste Person, die seit den Apollo-Missionen den Mond betritt, aus China käme.

Der Mond, unser ständiger Begleiter am Himmel und im Weltraum, erfährt zur Zeit so viel Aufmerksamkeit wie lange nicht. Erwarten uns dort in den nächsten Jahren neue Raumstationen und Außenposten? Werden wir bald eine Neuauflage des historischen Fluges von Apollo 8 erleben und wenn ja: Durch wen? Oder wird die Erkundung des Mondes auf absehbare Zeit Raumsonden, Landern und Robotern vorbehalten bleiben? Was uns auch erwartet – ich bin gespannt! Der Mond war zur Zeit meiner Geburt nahezu vergessen, wurde in meiner Jugend aus dem Dornröschenschlaf geweckt und steht heute wieder im Zentrum viel geschäftigen Treibens. Ich kann es kaum erwarten, mit meiner gerade geborenen Tochter eines Tages neue, aufregende Mondflüge zu verfolgen!

Im nächsten Jahrzehnt

> Sie, liebe Leserin und lieber Leser, müssen übrigens nicht auf eine neue Auflage dieses Buches warten, damit es aktuell bleibt. In der hinteren Umschlagklappe finden Sie eine Liste, in der Sie ihre eigenen Erlebnisse mit dem Mond und die Fortschritte der Menschheit bei seiner Erkundung festhalten können. Viel Spaß!

DIE 2020ER JAHRE

KONKRETE PLÄNE — **NEUE** Forschungssonden

Der Weltraum wird wieder BELEBT!

CHINA — Chang'e 4 Landung Rückseite

Chang'e 5 Mondproben OCEANUS PROCELLARUM — I ♥ MOON ROCKS

INDIEN — Chandrayaan-2, 2. Indische Forschungssonde

RUSSLAND — Luna 25, Come-back seit 1976

NÄCHSTER STOPP MOND

? Wer könnte wieder Menschen IN DIE NÄHE DES MONDES bringen?

→ NASA
↓ SPACE X
↓ CHINA

+ DIVERSE curiose LANDER — IHRE WERBUNG HIER

WIR WERDEN SEHEN — es bleibt spannend bei der Kultserie!

Anhang

6 – Anhang

Literatur und Quellen

Nun folgen die wichtigsten Quellen, die ich beim Schreiben dieses Buches benutzt habe. Manche Bücher und anderen Quellen bedeuten mir besonders viel, waren außerordentlich hilfreich oder eignen sich sehr gut für einen tieferen Einstieg ins Thema. Diese stelle ich jeweils mit einem kurzen Kommentar vor. Für angegebene Internetlinks gilt: Stand Oktober 2018. Unter www.michael-bueker/mondquellen finden Sie diese und viele weitere Quellen online gesammelt – das spart das Link-Abtippen.

Folgende Bücher waren besonders wichtig für meine Beschäftigung mit dem Mond:

Eckart Kuphal: *Den Mond neu entdecken*, Springer-Verlag Berlin / Heidelberg (2013) – ein sehr aktuelles, verständlich geschriebenes Sachbuch voller detaillierter Informationen, mit zahlreichen Diagrammen und physikalischen Berechnungen auf Oberstufen-Niveau

Hans-Ulrich Keller: *Kosmos Himmelsjahr*, Franckh-Kosmos Verlag Stuttgart (erscheint jährlich) – eine traditionsreiche astronomische Jahresvorschau voller nützlicher Karten, Diagramme und Tabellen zur Beobachtung von Sternen, Planeten, Finsternissen und Himmelsereignissen aller Art, sowie interessanten Artikeln zu Weltraum-Themen

David H. Levy: *Shoemaker by Levy: The Man Who Made an Impact*, Princeton University Press (2000) – eine liebevoll geschriebene und wissenschaftlich reichhaltige Biographie über Eugene Shoemaker, einer zentralen Figur bei der Erforschung des Mondes, geschrieben von einem wichtigen Forscherkollegen

Andrew Chaikin: *A Man on the Moon*, Penguin Books New York (1994) – ein gewaltiger, hervorragend recherchierter Wälzer über die Geschichte des US-Raumfahrtprogramms, der Mondflüge und der geologischen Erforschung des Mondes

1 – Der Mond am Himmel
Folgende Bücher eignen sich zum Einstieg in die Beobachtungsgeschichte des Mondes:

Bernd Brunner: *Mond: die Geschichte einer Faszination*, Verlag Antje Kunstmann München (2011) – ein Überblick über die Kulturgeschichte des Mondes, vor allem im Europa des 18. und 19. Jahrhunderts

Gerald North: *Den Mond beobachten*, Spektrum Verlag Heidelberg / Berlin (2003) – ein Handbuch für Hobby-AstronomInnen mit vielen Praxistipps, etwas in die Jahre gekommen, aber mit einer großen Auswahl sehenswerter Krater und Merkmale auf der Mondvorderseite, die ausführlich und liebevoll beschrieben werden

John Wilkinson: *The Moon in Close-up*, Springer-Verlag Berlin / Heidelberg (2010) – ein angenehm knapp geschriebener, recht aktueller und anschaulich bebilderter Überblick über den Mond aus der Perspektive der Südhalbkugel und seine Erforschung, mit Praxistipps für Hobby-AstronomInnen und einer Auswahl interessanter Beobachtungsziele

2 – Der Mond im All
Diese Quellen waren bei der Arbeit an Kapitel 2 besonders interessant:

Irv Bromberg: *The Length of the Lunar Cycle* (2018) – irrsinnig detaillierte Berechnungen zur Länge der Lunation im Laufe der Jahre und Jahrtausende, http://www.sym454.org/lunar/

Pierre Léna: *Racing the Moon's Shadow with Concorde 001*, Springer International Publishing (2015) – ein Bericht über den Flug des Concorde-Prototypen im Kernschatten einer totalen Sonnenfinsternis im Jahr 1973, verfasst von einem der beteiligten Forscher

Literatur und Quellen

3 – Der Mond als Ding
Ich war überrascht, wie kompliziert die Geologie des Mondes und ihre Erforschung eigentlich sind. Die folgenden Quellen waren bei der Recherche von großem Nutzen und haben zudem noch eine Menge Spaß gemacht:

Arizona State University: Lunar Reconnaissance Orbiter Camera (LROC) QuickMap, https://quickmap.lroc.asu.edu/ – eine Online-Karte des Mondes nach Art einer Maps-App mit Daten der des Lunar Reconnaissance Orbiter und anderer Forschungssonden, die trotz etwas kniffliger Bedienung endlose Erkundungsmöglichkeiten bietet

Moon 101, NASA / USRA Lunar and Planetary Institute (2008, englischsprachig), https://www.lpi.usra.edu/lunar/moon101/ – eine Reihe sehr wertvoller Vorträge erfahrener Mondforscher zum Aufbau und den Eigenschaften des Mondes, die in Vorbereitung des (inzwischen eingestellten) Constellation-Programms der NASA für neue Mondlandungen abgehalten wurde

Bill Bryson: *Eine kurze Geschichte von fast allem*, Goldmann Verlag München (2005) – ein packend geschriebenes Sachbuch über die Entwicklung des Sonnensystems, der Erde und des Lebens, mit einem Fokus auf die Erkenntnisgeschichte der Naturwissenschaften

Lunar Impact Crater Database, NASA / USRA Lunar and Planetary Institute (2015), https://www.lpi.usra.edu/scientific-databases/ – eine Tabelle mit den Namen und Eigenschaften von fast 9000 Kratern auf dem Mond

PBS Space Time: *What Physics Teachers Get Wrong About Tides* (2015, englischsprachig), https://youtu.be/pwChk4S99i4 – eines von sehr wenigen Tutorials im Netz, das Ebbe und Flut richtig erklärt, und die wichtigste Inspiration für die Erklärung in diesem Buch

4 – Der Mond als Ziel
Diese Quellen sind besonders gut geeignet, um ein Bild der Raumfahrt zum Mond zu gewinnen:

The University of Manchester, Jodrell Bank Centre for Astrophysics: *Jodrell Bank's role in early space tracking activities* (2008, englischsprachig), http://www.jb.man.ac.uk/history/tracking/ – eine sehr umfassende und unterhaltsame Erzählung der illustren Geschichte des britischen Radioobservatoriums Jodrell Bank bei der Verfolgung der sowjetischen Mondfahrt

From the Earth to the Moon (1998) – zwölfteilige Fernsehserie zum Apollo-Programm, produziert von Ron Howard und Tom Hanks, den Machern des Kinofilms „Apollo 13", auf der Basis des Buchs *A Man on the Moon* von Andrew Chaikin

Jim Lovell, Jeffrey Kluger: *Apollo 13*, Mariner Books New York (2006) – die fesselnde Geschichte der Mission Apollo 13, erzählt von einem der beteiligten Astronauten

5 – Der Mond der Zukunft
Über die Zukunft des Mondes wird zur Zeit viel gesprochen. Folgende Quellen eignen sich gut, um einen Überblick zu gewinnen:

Karl Urban: *Guter Mond – Wer baut da oben das Dorf?*, Deutschlandfunk (2018), https://www.deutschlandfunk.de/guter-mond-wer-baut-da-oben-das-dorf.740.de.html?dram:article_id=414354 – eine Zusammenfassung aktueller Projekte für neue Mondflüge und die Voraussetzungen für die Erforschung und wirtschaftliche Nutzung des Mondes

6 – Anhang

AstroGeo Podcast: AG029 Raumfahrt mit China (2018), http://podcast.pikarl.de/ag029-raumfahrt-mit-china/ – der ESA-Astronaut Matthias Maurer aus Deutschland im Interview mit dem Podcaster und Raumfahrtjournalisten Karl Urban über die Zusammenarbeit der ESA mit China und die Zukunft der Raumfahrt

Paul D. Spudis: The Value of the Moon, ESA Space Bites (2018, englischsprachig), https://youtu.be/Ne7MLSVKSf4 – der Mondforscher Paul D. Spudis (1952–2018) präsentiert seine Ideen für den Aufbau von Stationen für menschliche Besatzungen zwischen Erde und Mond zur wissenschaftlichen und wirtschaftlichen Nutzung

Register

A
„Apollo 13", Film   20, 88, 98
„Romanze", Lied   10
„Total Eclipse of the Heart", Lied   45
Akatsuki   100
Aldrin, Buzz   96
Apogäum   32
Apollo 1   94
Apollo 2–6   95
Apollo 7   95
Apollo 8   20, 95f, 118
Apollo 9, 10   96
Apollo 11   23, 96
Apollo 12   96f
Apollo 13   97f
Apollo 14   98
Apollo 15   98, 104
Apollo 16   104
Apollo 17   23, 77, 104, 117
Äquatorebene   61
Armstrong, Neil   52, 74, 96f
AS-204   95
Astra 19,2 Grad Ost   30
AstroGeo-Podcast   118

B
Barringer Crater / Meteor Crater, Arizona   64
Bean, Alan   97
blue moon   19
Boring Billion   78
Brennstoffzelle   114
Bucht der Harmonie   22f
Bucht der Liebe   22f

C
Cernan, Gene   77
Chaffee, Roger   94
Chandrayaan 1   103
Chandrayaan 2   116
Chang'e 1   103
Chang'e 3   105, 116
Chang'e 4   116
Chang'e 5   116
Chruschtschow, Nikita Sergejewitsch   90
Clementine   100ff
cold traps   104
Conrad, Pete   97
Corey, James S. A. (Pseudonym)   112
Cristoforetti, Samatha   118
CTBTO   52

D
Darwin, George   62
Deutsches Geoforschungszentrum Potsdam   104
Dinosaurier   74
Dragon 2   117
Drehimpulserhaltung   59
Drehung der Apsidenlinie   37

E
Earthrise   96
Ebbe   78ff
Eigendrehung   16, 81
Einschlagbecken   21ff
Einschlaghypothese   63, 72
Eiszeit   73
Ekliptik   39f
Ekliptikebene   39
Ellipse   31ff, 46

Erdachse   82
Erdatmosphäre   30, 44, 73, 76, 98, 113
Erdferne   36
Erdnähe   37
Erdschein   15
Evolution   67f, 82
Exzentrizität   32f

F
Finsternisbrille   47
Flacon Heavy-Rakete   117
Fliehkraft   79
Flut   78ff
Flutberg   78ff
Frau-Mauro-Hochland   98
frozen orbits   105
Frühjahrs-Tagundnachtgleiche   19
Fusion   60

G
Gagarin, Juri   52
Gaia   61f, 65
Gärtnern des Regolith   77
Gateway   117
Gauß, Carl Friedrich   19
Gezeitenkräfte   70, 72, 78f, 96, 110
Gezeitenreibung   81
Giant Impact Hypothesis   61
gibbous moon   12, 14f
Gold, Thomas   92
Google Lunar X-Prize   116
GRACE   104
GRAIL   104f

Register

Grissom, Gus 94
Großes Bombardement 66f, 70, 102

H
Hagomoro 99
Hanks, Tom 20
Haus der Astronomie, München 47
Hayabusa 100
Heinlein, Robert Ansons 112
Helium-3 115
Hiten 99
Honigmeer 21
Hubble-Weltraumteleskop 88, 113

I
IAEO 52
Imbrium-Becken 66f, 102
Institut für Technologie, Karlsruhe 47
Internationale Astronomische Union (IAU) 20
Internationale Raumstation, ISS 28, 30f, 44, 88, 94, 99, 114, 118
Internationales Zentrum Wien 52
invariable plane 39

J
Jade-Hase 105
JAXA 99
Jodrell-Banks-Radioobservatorium 90f, 92
Julius Caesar 18
Jupiter 44, 60, 67, 88

K
Kaguya / SELENE 103
Kalender
 gregorianischer 19
 islamischer 19
 julianischer 18f
Kältefallen 104
Kennedy, John Fitzgerald 94
Kepler, Johannes 36
Keplerschen Gesetze 36
Knoten, absteigender 40f, 42
Knoten, aufsteigender 40f, 42
Knotenlinie 40
Kometen 66, 103
Kopfnicken des Mondes 40
Kopfschütteln des Mondes 36
Koroljow, Sergei 93
kosmische Strahlung 113
Krater
 Aitken 65
 Antoniadi 55
 Aristarchus 23
 Copernicus 23, 75, 77
 Grimaldi 37
 Jackson 54
 Tsiolkovskiy 55, 91
 Tycho 22f, 56, 74f, 77
Kraterzählen 75
Kreisbahn 16

L
Lacus Mortis 22
Lacus Odii 22
Lacus Timoris 22
Lagrange-Punkt 115f
Landschildkröten 93, 95
Lavaröhren 69f, 114
LCROSS 103
Libration in Breite 40
Libration in Länge 36
Lovell, Jim 20, 98
Lovell, Marilyn 20
Luftreibung 30, 74
Luftwiderstand 30
Luna 2 90
Luna 3 90f
Luna 9 92
Luna 16, 20, 93
Luna 24 99
Luna 25 116
Lunar Orbiter 92
Lunar Prospector 64, 102f
Lunar Reconnaissance Orbiter 101, 103
Lunation 11, 18f, 33, 35, 37, 45, 58
Lund, Mona 59ff, 65ff, 71ff, 78ff, 82f, 112
Lunochod 2 93

M
Magnetfeld 57, 81
Mare
 Crisium 21ff, 37, 54, 99
 Foecunditatis 23
 Imbrium 23, 68f
 Moscoviense 54, 91
 Nubium 56
 Orientale 54
 Serenitatis 23
 Tranquilitatis 23
Mars 44, 68, 88
Maurer, Matthias 118
Mascons 104f
Meer der Gefahren 21
Meer der Krisen 21
Meer der Ruhe 20
Merkur 32
Milchstraße 59
Mir 88, 99, 118
Monat,
 drakonitischer 41
 Knoten- 41
 siderischer 33ff
 synodischer 34f
Mond
 , abnehmend 12f
 -Beben 97
 Blut- 43
 -Dorsa 69
 -Fähre 95
 -Gebirge 22
 -Gestein 63, 72
 -Habitat 113f
 -Hochland 21ff, 53ff, 70
 -Horizont 57f
 -Kruste 65, 68, 71, 81, 102
 -Landung 88, 96
 -Mantel 71f, 102
 -Maria 21ff, 53ff, 68f, 105
 Neu- 11ff, 16, 36, 40, 80
 -Phasen 14ff, 18, 34, 43, 82
 -Pole 103f
 -Reflektoren 96, 110
 -Rückseite 54, 71f, 90, 101, 113
 Sichel- 11f, 14ff, 33
 -Staub 76f, 99
 Voll- 12f, 14ff, 40, 80
 , zunehmend 12f

6 – Anhang

Mondfinsternis 13, 23, 38, 42ff
  Halbschatten- 42ff
  Kernschatten- 42ff, 45
Moon Village 115
Mount Marilyn 20, 23

N
N1-Rakete 93, 95
N1-Rakete 95
Nectaris-Becken 66
Nipptide 80
Nizza-Modell 67

O
Oceanus Procellarum 21, 23, 37, 55, 69, 98, 116
Opportunity 93
Orion, Raumschiff 117
Orion, Sternbild 44
Ostern 19
Ozean der Stürme 21

P
Pathfinder 88
Perigäum 32
PFS-1 104f
PFS-2 104f
Planetenkern 60f, 63
Plattentektonik 63
Potter, Harry 41
PTScientists 117

Q
Quinlan, Kathleen 20

R
Ramadan 19
Ranger 7–9 91
Regenbogenbucht 22f, 68, 195
Regolith 57
Reiter, Thomas 88
Robinson, Kim Stanley 112
Rotation, gebundene 81
Roter Riese 112

S
Satelliten
  Fernseh- 30
  geostationäre 30f, 115
  künstliche 28ff
Saturn 44, 60, 67
Schallplatte 39f
Schaltmonat 18
Satelliten
  Fernseh- 30
  geostationäre 30f, 115
  künstliche 28ff
Saturn 44, 60, 67
Sauerstoff 73, 114
Schallplatte 39f
Schaltmonat 18
Schattengrenze 43
Schätzing, Frank 112
Schmitt, Jack 98
Schwerkraftwirkung 40, 56, 59, 67
See der Furcht 22
See des Hasses 22
See des Todes 22
Shepard, Alan 98
Shoemaker, Eugene 64
Shoemaker-Levy 9 88
sinous rilles 69
Sinus Amoris 22f
Sinus Concordiae 22f
Sinus Iridium 22f, 68, 105
skylight 114
SMART-1 103
Sojourner 88
Sonnenfinsternis 13, 23, 38, 45ff
  partielle 46f
  ringförmige 46f
  totale 28
  zentrale 46f
Sonnensystem 13f, 39, 59ff, 111
Sonnenwind 115
Space Launch System, SLS 117
Space Shuttle 88, 99
Spektroskopie 101f
Springtide 80
Spudis, Paul 115f
Sputnik-1 90
Strahlensystem 75, 77

Südpol-Aitken-Becken 55, 65, 100, 102, 116
Surveyor 1 92
Surveyor 3 96f

T
Theia 61f, 64, 71
Tidenhub 80
Totalität 43f
Tyler, Bonnie 45

U
Ulama 41
UNO-City 52
UV-Strahlen 57

V
Venustransit 28
Vereinte Nationen 52
Vollmondzeitpunkt 35
Vulkanismus 69ff

W
Wegener, Alfred 63
Weißer Zwerg 112
White, Ed 94
Winkeldurchmesser 10, 32
Wise Guys, Band 10
Wolkenmeer 21, 56
Wörner, Jan 115
wrinkle ridges 69

Y
Yutu 105

Z
Zentralberg 54ff, 58f, 75
Zond 5 92, 95